时空大数据治理与辅助决策应用丛书

政府宏观决策智能化服务技术与实践

刘晓东　何望君　石丽红
周　艺　张志然　编著

北京邮电大学出版社
www.buptpress.com

内 容 简 介

政府宏观决策面向现代化、信息化、智能化是推进社会主义现代化的基本要求，也是建立人民满意政府的重要举措。作者团队有二十多年政府决策智能化服务研究和工程建设经验，在此基础上编撰本书，着重分析了政府宏观决策在智能化服务方面的技术和实践应用。

本书首先从政府宏观决策在智能化服务的研究现状出发，对政府宏观决策的影响因素和应用场景展开讨论；其次论述了政府宏观决策智能化服务的关键技术、政府宏观决策智能化服务平台架构及各层产品工具；最后列举了政府宏观决策智能化服务实践案例。

本书读者对象主要为从事相关政府宏观决策智能化服务的技术人员，也可以供高年级本科生和研究生、高等院校教师参考。

图书在版编目（CIP）数据

政府宏观决策智能化服务技术与实践 / 刘晓东等编著. --北京：北京邮电大学出版社，2022.12

ISBN 978-7-5635-6788-1

Ⅰ.①政… Ⅱ.①刘… Ⅲ.①国家行政机关-宏观决策－研究－中国 Ⅳ.①D63

中国版本图书馆 CIP 数据核字（2022）第 203631 号

策划编辑：姚　顺　刘纳新　　责任编辑：满志文　　责任校对：张会良　　封面设计：七星博纳

出版发行：北京邮电大学出版社
社　　址：北京市海淀区西土城路 10 号
邮政编码：100876
发 行 部：电话：010-62282185　传真：010-62283578
E-mail：publish@bupt.edu.cn
经　　销：各地新华书店
印　　刷：唐山玺诚印务有限公司
开　　本：720 mm×1 000 mm　1/16
印　　张：12
字　　数：161 千字
版　　次：2022 年 12 月第 1 版
印　　次：2022 年 12 月第 1 次印刷

ISBN 978-7-5635-6788-1　　　　　　　　　　　　　　　定　价：48.00 元

·如有印装质量问题，请与北京邮电大学出版社发行部联系·

时空大数据治理与辅助决策应用丛书

编委会

主 任　张福浩

委 员　石丽红　仇阿根　刘晓东　陶坤旺
　　　　何望君　赵阳阳　赵习枝

前　　言

伴随着大数据时代的到来，数据开放已经成为一股世界性潮流。各级各类政府广泛开展数字政府建设，数据和信息已成为政府宏观决策不可或缺的依据。各级政府可获得的数据资源爆炸式增长，充分发挥各种数据资源作用，运用大数据、人工智能等技术提升政府的决策能力和智能化服务水平，有利于加速推进国家治理体系和治理能力现代化。

政府宏观决策离不开数据、信息及其服务技术的支撑。政务大数据作为信息技术与大数据结合的产物，在推进国家治理现代化上具有巨大的作用，充分利用政务大数据可以有效提升政府科学决策能力。政务大数据的应用涉及政府宏观经济调控、资源可持续开发利用、产业布局规划等各个方面。从政务大数据中挖掘其背后蕴藏的巨大价值，并被政府宏观决策各种场景广泛、精准地获取和应用，可以积极推动数字政府建设，推动政务大数据应用的深入发展。基于政府内部、政府外部的各类数据资源，利用大数据、人工智能、数据挖掘等技术进行信息主题化采集、分析、挖掘、服务等，可以推进从海量的、复杂的数据集合中获取与决策场景相关的知识和洞见的能力，提升决策过程中的事前预测、事中感知、事后反馈的针对性和主动性。

本书作者一直从事空间辅助决策技术及其应用研究，从早期的政府地理信息系统、政务地理信息服务研究深入到目前的政务大数据治理与决策支持智能化服务研究，在此过程中技术研究与实践经验的积累为本书的撰写奠定了坚实的基础。同时，作者的研究团队长期致力于该领域的研究，并指导一批硕士研究生在该领域做了大量工作。近年来，团队围绕数字政府框架、政府决策支持和大数据治理技术前沿，在"河北省经济社会发展数据系统""政务信息资源整合"等政府项目的支持下，开展了政务大数据整合、知识化管理、分析挖掘、智能化服务等技术研究，本书是相关工作的一个阶段性总结。

本书由刘晓东、何望君、石丽红、周艺、张志然拟定大纲并组织编写，系统介绍了面向政府宏观决策的智能化服务技术与实践，共分7章。第1章对政府宏观决策和智能化服务的内涵、分类、特征等进行了简要的介绍；第2章全面回顾了政府宏观决策智能化服务现状；第3章介绍了面向政府宏观决策分析；第4章介绍了政府宏观决策智能化服务关键技术；第5章介绍了政府宏观决策智能化服务架构及工具；第6章介绍了政府宏观决策智能化服务实践案例；第7章对政府宏观决策智能化服务的未来发展趋势进行了展望。本书在编写过程中得到了所在研究团队的大力支持，其中张福浩研究员给本书的选题给予了方向性引导，仇阿根、陶坤旺、赵阳阳、赵习枝等参与了部分章节内容的撰写、整理，最后由刘晓东、何望君、石丽红、周艺、张志然统稿审定。

作者感谢国务院办公厅电子政务办公室、河北省人民政府办公厅、中国测绘科学研究院等部门和单位的支持，感谢历届博士生、硕士生和为本书做出贡献的所有同志。本书在编著过程中参考、吸收了大量国内外有关论著的理论和技术成果，书中仅列出了部分参考文献，向所有文献作者表示感谢。

由于作者水平有限，书中的不足之处在所难免，恳请读者不吝批评指正。

作　者

目 录

第1章 绪论 ··· 1

    1.1 背景 ··· 2

        1.1.1 宏观决策 ·· 2

        1.1.2 政府宏观决策 ······································ 3

        1.1.3 智能化服务 ·· 4

    1.2 智能化服务需求 ·· 4

    1.3 目标 ··· 7

第2章 面向政府宏观决策智能化服务现状 ············ 9

    2.1 面向政府宏观决策智能化技术历史演变 ············ 9

        2.1.1 政府信息化服务的开端 ························ 9

        2.1.2 数据库、联机分析技术提高了政府宏观决策的能力 ······ 10

        2.1.3 决策剧场——新一代智能化、交互式决策 ············ 11

    2.2 政府宏观决策应用服务现状 ························ 11

        2.2.1 人口管理领域应用 ····························· 12

        2.2.2 教育领域应用 ···································· 13

        2.2.3 科技领域应用 ···································· 14

2.2.4 贸易领域应用 …………………………………………… 14
   2.2.5 财务领域应用 …………………………………………… 15
   2.2.6 农业领域应用 …………………………………………… 15
 2.3 政府宏观决策智能化服务技术现状 ……………………………… 16
   2.3.1 信息资源整合技术现状 …………………………………… 16
   2.3.2 大数据技术现状 …………………………………………… 18
   2.3.3 人工智能技术现状 ………………………………………… 21
   2.3.4 数据挖掘技术现状 ………………………………………… 27
   2.3.5 数据可视化技术现状 ……………………………………… 28

第3章 面向政府宏观决策分析 …………………………………… 30

 3.1 政府决策特点 …………………………………………………… 30
   3.1.1 政府决策类型 ……………………………………………… 30
   3.1.2 政府决策过程 ……………………………………………… 31
 3.2 影响政府宏观决策智能化服务的重要因素 ……………………… 32
   3.2.1 数据资源 …………………………………………………… 32
   3.2.2 数据质量与时效性 ………………………………………… 33
 3.3 政府宏观决策大数据资源规划 …………………………………… 34
   3.3.1 战略引导 …………………………………………………… 34
   3.3.2 大数据驱动 ………………………………………………… 35
   3.3.3 数据统筹 …………………………………………………… 35
   3.3.4 多场景应用 ………………………………………………… 36
   3.3.5 综合保障 …………………………………………………… 36
 3.4 政府宏观决策应用场景 …………………………………………… 37
   3.4.1 政府网络舆情监测 ………………………………………… 37
   3.4.2 教育决策信息化 …………………………………………… 38

3.4.3　水利防洪 ··· 38
　　　3.4.4　地震应急 ··· 38
　　　3.4.5　政务信息搜索 ·· 39

第4章　面向政府宏观决策智能化服务关键技术 ·················· 40

　4.1　信息资源整合技术 ·· 40
　　　4.1.1　文本数据整合 ·· 40
　　　4.1.2　结构化数据整合 ·· 41
　　　4.1.3　多媒体数据整合 ·· 42
　　　4.1.4　空间地理数据整合 ··· 43
　4.2　大数据技术 ··· 44
　　　4.2.1　政务数据采集技术 ··· 44
　　　4.2.2　大数据处理技术 ·· 48
　　　4.2.3　大数据存储 ·· 52
　4.3　人工智能技术 ·· 56
　　　4.3.1　政务知识图谱 ·· 56
　　　4.3.2　特征识别技术 ·· 61
　4.4　数据分析挖掘技术 ·· 63
　　　4.4.1　频繁模式挖掘技术 ··· 63
　　　4.4.2　聚类分析技术 ·· 63
　4.5　数据可视化技术 ··· 64
　　　4.5.1　多维信息可视化 ·· 65
　　　4.5.2　层次信息可视化 ·· 65
　　　4.5.3　文本信息可视化 ·· 65
　　　4.5.4　统计数据可视化 ·· 66
　　　4.5.5　地理信息可视化 ·· 67

4.6 智能服务技术 …………………………………………………… 67
　　4.6.1 行为分析技术 …………………………………………… 67
　　4.6.2 智能推荐技术 …………………………………………… 69
　　4.6.3 主动推送技术 …………………………………………… 70

第5章　面向政府宏观决策智能化服务技术架构及工具 …… 72

5.1 面向政府宏观决策智能化服务平台技术架构 ………………… 72
5.2 数据采集层工具 ………………………………………………… 75
　　5.2.1 基于互联网的网络爬虫工具 …………………………… 75
　　5.2.2 基于政府专网的数据采集报送工具 …………………… 77
　　5.2.3 基于共享交换中心的数据采集交换工具 ……………… 79
5.3 数据整合管理层工具 …………………………………………… 80
　　5.3.1 文本数据整合工具 ……………………………………… 80
　　5.3.2 空间数据整合工具 ……………………………………… 82
　　5.3.3 结构化数据整合工具 …………………………………… 83
　　5.3.4 多媒体数据整合工具 …………………………………… 85
　　5.3.5 信息资源目录工具 ……………………………………… 87
5.4 应用支撑层工具 ………………………………………………… 89
　　5.4.1 全文检索工具 …………………………………………… 89
　　5.4.2 主题描述工具 …………………………………………… 93
　　5.4.3 目录服务工具 …………………………………………… 100
　　5.4.4 知识管理工具 …………………………………………… 102
　　5.4.5 信息发布工具 …………………………………………… 108
　　5.4.6 可视化分析展示工具 …………………………………… 113
　　5.4.7 资源评价工具 …………………………………………… 115
　　5.4.8 个性化服务工具 ………………………………………… 120

第6章 面向政府宏观决策智能服务实践案例 ………… 123

6.1 国家、省、地多级联动的宏观经济运行系统 ………… 123
6.1.1 系统概述 ………… 123
6.1.2 系统流程 ………… 124
6.1.3 系统功能 ………… 125
6.1.4 国家、省、地市三级联动 ………… 133

6.2 面向省级政府宏观决策数据协同服务 ………… 133
6.2.1 系统概述 ………… 133
6.2.2 系统流程设计 ………… 135
6.2.3 系统功能设计 ………… 136

6.3 智能化统一信息资源检索服务 ………… 146
6.3.1 系统概述 ………… 146
6.3.2 系统流程设计 ………… 147
6.3.3 系统功能设计 ………… 149

第7章 展望 ………… 161

参考文献 ………… 164

第 1 章 绪 论

随着信息技术的发展和经济社会生产生活的不断进步,对政府宏观决策的可行性、精准性、高效性的要求也越来越高,如何利用现有的科学技术和政府内部产生的以及社会上存在的数据资源为政府宏观决策提供服务,实现政府宏观决策的科学化、精准化、智能化的目标越来越受到重视。中共中央总书记习近平在 2018 年全国网络安全和信息化工作会议上强调,"要强化互联网思维,利用互联网扁平化、交互式、快捷性优势,推进政府决策科学化、社会治理精准化、公共服务高效化,用信息化手段更好感知社会态势、畅通沟通渠道、辅助决策施政。"[1]充分利用最新的信息技术手段提高面向政府宏观决策智能化服务水平,是实现政府宏观决策科学化的关键支撑,是国家治理体系的重要组成部分,是构建法治与服务型政府的前端和基础,是国家治理实践价值内涵与治理效能的集中体现[2]。

从科学研究层面来讲,决策是在一定的预期目标下,评估多个备选方案,以选择其中一种或多种备选方案组合的过程[3]。而宏观所指的层次内容并不确定,一般来说,宏观是指一个特定系统的最高层次,从这个层次上可以观察整个系统的内部状况及系统与外部环境的关系。因此,本书所指的政府宏观决策是指对应各级政府的一个特定的最高层次,从这个层次上基于对政府内部状况及与外部环境关系的分析研判,从经济社会发展的长期角度所做出的决策。

本书着力利用大数据、人工智能、数据分析挖掘、数据可视化等技术，收集/采集政府部门内部产生的业务数据资源和当前社会生产生活中产生的数据资源，通过对上述数据资源的汇聚整合、分层分类管理，构建出一整套面向政府宏观决策智能化服务平台和相应的软件工具产品，在面向政府宏观决策智能化服务方面做出了一些探索和尝试。

1.1　背景

人类社会的发展过程已经历了农业化、工业化、信息化时代的发展阶段，目前正在跨入智能化时代的门槛，物联网、移动互联网、云计算、大数据、人工智能等先进技术方兴未艾[4]，政府面向社会群体的服务也在向智能化、多样化发展。党的十九届四中全会提出："必须坚持一切行政机关为人民服务、对人民负责、受人民监督，创新行政方式，提高行政效能，建设人民满意的服务型政府"[5]。为实现服务目标个性化、服务需求差异化、服务类型多样化的需求，提升政府宏观决策的智能化能力势在必行[6]。

1.1.1　宏观决策

宏观决策从概念上来说是对决策问题的概念集进行定性开发，从而确定系统整体发展方向和战略目标的高层决策。人类的生产生活离不开决策，生产生活中的万事万物都与决策有关。在政府日常事务中，更不可避免地会处理各种决策。我国政府信息化建设非常重要的一项任务就是为政府宏观决策提供服务，目前我国政府信息化工作重点已经从主要侧重办公系统和对公众的服务，逐步转向在对政府宏观决策支持上的应用[7]。近两年来，国际、国内经济形势发生重大变化，2020年新冠疫情暴发至今已经持续 2 年多，在疫情防控、复工复产，疫情时代下生产资料、住房、粮食等价格不断上涨，就业环境日趋恶化，企业经营面临困境，经济运行存在不稳定因素，我国各级政府出台了许多刺激经济的政策措施，后疫情时代如何快速实现经济复苏，上述问题使我们清醒认识到提前预判的重要性。政府宏观决策的智能化服务可以帮助政府部门快速、准确、科学地得到所需的信息，从而提高政府部门的工作效率，更好地为全社会服务。

在 5G、人工智能、云计算等新技术的推动下，经济社会各领域数据呈现爆发式增长态势，每天都将产生大量有价值的信息，这些数据资源需要基于数据挖掘和大数据技术以某种合适的方式反映到宏观决策中，应用于智能化服务中[8]。针对智能化服务的决策问题，首先需要识别问题本质，理清决策问题的逻辑结构，结合各领域科学知识和模型，将数据转化为具有经济社会内涵和内在关联的信息和信息流，传递给宏观决策者，以便决策者洞察经济社会运行状态和环境的变化，对发展演变趋势做出预判，形成数据驱动下的科学决策。而这些基于科学规律的知识和模型就起到了从数据到决策支持的桥梁转化作用。

1.1.2 政府宏观决策

政府机构决策的科学化、运转的高效化和服务的智能化都是治理能力提升的重要表现，更是治理能力提升的重要保证。党的十九届四中全会把"建立健全运用互联网、大数据、人工智能等技术手段进行行政管理的制度规则，推进数字政府建设"作为落实"坚持和完善中国特色社会主义行政体制""优化政府职责体系"的重要抓手[9]。国家大数据战略将大数据作为提升政府治理能力的重要手段，要求建立国家宏观调控数据体系，推动政府治理精准化，推进商事服务便捷化，加快民生服务普惠化。李克强同志在有关"放管服"的讲话中要求打造"不打烊"的"数字政府"。提高政府精准化管理，不论是面向市场主体制定积极稳定的政策，还是近年来一直在推进的面向公众的"互联网＋政务服务""一网通办"都离不开面向政府宏观决策智能化服务的支持。

1.1.3 智能化服务

智能化是指事物在计算机网络、大数据、物联网和人工智能等技术的支持下，所具有的能满足用户的各种需求的属性[10]。智能化服务实现的是一种按需和主动的智能，即通过捕捉用户的原始信息，通过后台积累的数据，构建需求结构模型，进行数据挖掘和智能分析，除了可以发现用户的习惯、喜好等显性需求外，还可以进一步挖掘用户时空、身份、工作生活状态关联的隐性需求，主动给用户提供精准、高效的服务。因此智能化服务需要的不仅仅是传递和反馈数据，更需要对信息资源进行多维度、多层次的感知和主动、深入的辨识。

1.2 智能化服务需求

移动互联网、云计算、物联网等技术的发展成熟也使各类数据的价值被深度挖掘和发挥出来，并被应用到软硬件服务、信息获取、民生服务、智能决策等各个方面，从而推动了智能化服务时代的到来[11]。

2013年7月17日，习近平总书记视察中科院，对中科院提出的"四个率先"要求中，就包括率先建成国家高水平科技智库，习近平总书记对中科院的重要指示，为中科院扎实开展高端智库建设试点工作指明了方向，建设好国家高端科技智库，服务好国家层次的宏观战略决策[12]。2019年5月，《重大行政决策程序暂行条例》发布，对重大行政决策事项范围、重大行政决策的作出和调整程序、重大行政决策责任追究等方面做出了具体规定。

在当前新一代信息技术深化普及的背景下，面向政府宏观决策的智能化服务需求愈发凸显，主要表现在以下五方面。

(1) 面向政府宏观决策科学性需求

随着近30年来我国科学技术的发展，技术尤其是信息技术更新换代的频率越来越快，原有的仅依靠传统"经验主义"的政府决策模式已无法应对越来越复杂的国内外形势[13]。这必然要求政府的宏观决策要基于客观的、科学的依据，而客观、科学的决策离不开客观数据和科学规律的支撑。随着信息技术的不断推动，经济社会各领域数据呈现几何级数增长态势，这些海量的具有巨大价值的数据资源如何能高效地利用起来，为政府宏观决策提供有力的支撑，这就需要充分利用数据挖掘和大数据技术将海量数据资源以更加科学、合理的方式反映到政府宏观决策中[14]。

(2) 面向政府宏观决策复杂性需求

政府宏观决策是一项系统性、综合性、复杂性极强的工作，政府的业务涉及经济、社会、科技、生态、安全等诸多领域，而这些领域在同一个问题中又存在非线性交互作用，并且绝大多数决策问题，不只追求一个目标，往往存在着若干个相互联系、相互矛盾、相互制约的目标[15]。为实现政府决策的最优化，需要在多目标、多层次、多方案之间的进行权衡决策。在政府宏观决策问题的解决过程中，通过问题分解，部分作用机制具有清晰的逻辑关系，可以用明确的理论、定理、规则进行公式化、规范化，属于结构化决策，能用确定的模型或语言描述，以适当的方法产生决策方案，并能从多种方案中选择最优的决策；但仍然有大部分逻辑关系仍无法用数量化的方式加以描述，存在非结构化特征。如何将结构化、非结构化决策问题进行综合考量，给出具有定量评价和定性分析相融合的宏观决策，是面向政府宏观决策复杂性提出的新需求[16]。

(3) 面向政府宏观决策高效性需求

在万物互联的时代，经济社会形态瞬息万变、竞争格局日趋激烈，建立在信息交融基础上的技术进步和创新速度不断加快，再加上日益增强的网络效应，决策者更加需要具有高效的宏观决策支撑工具来实现宏观决策的高效性。宏观决策的高效性需求包括两个方面，一方面是能及时响应决策需求，保障决策支持反馈的时效性；另一方面是能根据决策需求做出动态、柔性调整，提供有针对性的决策支持。上述高效性需求对宏观决策支持各领域的专业知识和技术积累提出了更高的要求，需要多领域通力合作[17]。

(4) 面向政府宏观决策友好性需求

在新一代信息技术支持下，面向政府宏观决策的功能将极大丰富。但同时也对其使用友好性提出了更高的要求，面向政府宏观决策应满足用户"能用、会用、好用"的需求。对于使用者来说，友好性的需求要求将复杂的模型、繁杂的计算都封装在特定的功能模块中，仅需要提供简单化的交互操作就可以达到使用者的要求，这其中既包括输入的友好性也包括输出的友好性。对于输入而言，使用者可以快速把握系统各模块功能，可以快速理解输入参数的含义、格式、范围，同时给出明确的示例提示使用者。同时，当完成一次计算时，计算结果也将能以简单易懂的形式加以反馈，如以统计图表、地图、3D模型等可视化方式对结果加以呈现，这将更好地协助使用者获取决策支持的信息和知识，而不仅仅是简单晦涩的数值反馈。友好的政府宏观决策智能化服务将协助使用者更有效地聚焦问题的分析和解决。

(5) 面向政府宏观决策个性化需求

面向政府的宏观决策涉及经济、民生、教育、科技、医疗等各个领域，方方面面。使用政府宏观决策的用户的业务要求、使用习惯、个人喜好也因为使用者的受教育程度、专业背景甚至个人生活习惯的不同而呈现出对系统要求的多样性[18]。通过对用户使用习惯、关注重点、专业领域等行为模式进行分析挖掘，利用人工智能技术针对不同用户呈现出从界面、内容不同的个性化服务，对于提高政府部门宏观决策的工作效率有着极大的促进作用[19]。

面向政府宏观决策的科学性、复杂性、高效性、友好性、个性化需求，智能化是有效解决途径之一。智能决策支持的概念在20世纪90年代就已经被一些专家学者提出，其主要特征是基于机器推理方法实现决策支持功能[20]。当下，面对海量多源异构数据，人为地从海量数据中提取有价值的信息显然是不可行的。如果不能充分利用数据、用好数据，再多的海量数据资源也无法支撑宏观决策的科学性、复杂性决策需求。面向政府宏观决策智能化服务依靠人工智能在大数据挖掘、信息提取、规则发现、知识形成、逻辑推理、图像识别等方面的强大能力，实现海量多源异构数据的汇聚融合，提高决策效率和决策精准度。在智能化的支撑下，决策者就可以将"有限理性"全部投入最终的决策过程中，从全部备选方案与信息中做出"最佳"决策[21]。

1.3 目标

通过运用大数据、人工智能、云计算等新一代信息技术来建立较为精准的决策机制，最大限度地掌握决策信息，不断提高决策的精准性、科学性和预见性是提升政府宏观决策能力的重要途径[22]。政府决策能力是现代政府的核心能力，对于保障政府有效履行职能增进和维护公共利益具有决定性意义。所以推进政府宏观决策现代化、信息化、智能化是推进社会主义现代化的基本要求、是符合时代发展的潮流，是满足人民和社会发展要求的必要途径[23]。

政府在宏观决策过程中，通过掌握充分的决策信息，利用现代化技术手段实现精准决策，做到更好地为人民服务，不断提高政府的管理能力。面向政府宏观决策智能化服务力争达到以下目标。

（1）推动政府业务协同

信息化和智能化为促进政府各部门间协同治理提供了技术上的可行性。政府宏观决策需要构建协同型政府，为此不仅要实现中央和地方政府之间的协同，还要实现政府内部各部门之间的协同[24]。所以政出多门、条块分割、政府部门之间的信息不对称等现实问题，都是政府宏观决策的阻碍。在增强各级政府之间、政府各部门之间数据的共享、互联互通，有效减少政府间的博弈，保障政策的有效落地，而且可以通过信息共享、明确权责归属，避免不同部门间相互扯皮的现象，提高公共治理的能力。

（2）提高政府办事效率

面向政府宏观决策的智能化服务中，很多信息化和智能化技术手段为政府全面了解社会现象、深入体察公众诉求提供了行之有效的途径[25]。借助大数据及人工智能等现代化信息技术，可以将政府工作人员从冗杂的办事流程中解放出来，可以更加深入了解社会生产生活中的重点问题，从而集中精力发现问题的关键"痛点"，更好更快地解决问题提高政府办事效率。

（3）更好地建立"责任政府"

党的十八大报告将政治协商纳入决策程序，强调不同利益诉求需要协商解决，就经济社会发展重大问题和涉及群众切身利益的实际问题广泛协商、广纳群言、广集民智、增进共识、增强合力。可见，党和国家一直对决策的科学化、民主化非常重视，响应党和国家的要求，优化促进政府宏观决策实现科学化、民主化、制度化，将有利于提高政府的宏观决策能力，为我国经济社会发展增加新的动力[26]。

第 2 章　面向政府宏观决策智能化服务现状

2.1　面向政府宏观决策智能化技术历史演变

面向政府宏观决策智能化服务的发展是随着政府信息化的发展而逐步发展起来的。它与政府信息化的发展密不可分，是政府信息化中的一种具体体现形式，是随着政府信息化的技术、应用等方面积累的更高层次的表现。

2.1.1　政府信息化服务的开端

我国政府信息化起始于 20 世纪 80 年代，其发展过程基本上是与政府部门办公自动化的进程同步进行的[27]。政府信息化是通过包括网络技术、计算机技术和通信技术等现代信息技术的应用来实现，它离不开网络基础设施和相关软、硬件技术的发展。只有切切实实利用相应的信息技术改善政务处理与政府服务水平和效率的政府信息化，才是真正有意义的"政务服务"。从实际意义上来说，政府信息化的开始也是政府智能化服务的开端[28]。

从本质上讲，政府信息化就是建立在信息技术基础上新的政府运作过程。这种新的运作过程完全不同于传统政府的运作过程，是现代网络信息技术在政府管理与服务各个环节的全面应用。传统的政府运作过程是以政府的机构和职能为中心，企业或者公众围绕着政府部门运转，而新的政府运作过程是以用户的需求为出发点，即政府要围着企业或公众转，把企业和公众真正作为客户，对其进行管理和服务。信息技术的应用使政府具有了更强的信息获取能力和社会控制能力，揭开了智能化服务的序幕[29]。

2.1.2 数据库、联机分析技术提高了政府宏观决策的能力

20世纪90年代，政府信息化发展走进新的时代，一些专家学者提出了建设服务型政府，这就对政府信息化发展提出新的要求[30]。这一时期数据仓库（Data Warehouse，DW）、联机分析处理（Online Analytical，OLAP）Processing 技术的出现与发展，支持了管理系统和决策支持系统在政府信息化建设中的应用，加速推动了政府信息化的转变[31]。

1999年发起的"政务上网工程"，主要围绕网络建设、应用建设和信息资源建设三方面展开，已取得了积极进展，特别是以"金桥""金卡""金关"和"金税"等一系列以"金"字头为代表的政府信息化基础建设[32]。各级政府办公自动化以及一些地方和城市的电子政务网络平台建设，也取得了初步成效[33]。如深圳已率先在全国建成了深圳信息网，构筑起全市政府部门统一的公共通信网络平台，能提供包括公共交换、虚拟专网、电子公务、市领导办公、应急指挥、多点电视会议、接入和信息发布、数字视频广播等在内的多种服务[34]。以"三网一库"为基本构架的我国政府系统政务信息化的枢纽框架也初见成效[35]。三网，即政府机关内部的办公业务网（政府内网）；国务院办公厅与各地区、各部门连接的办公业务网（全国政府专网）；以互联网为依托的公众信息网（政府外网）。一库，即政府系统共建共享的电子信息资源数据库[36]。北京、上

海、天津、山东、江苏、广东、海南等省市还通过信息港和数字化城市工程实现了本地三级政府专网互联共建共享的信息资源数据库[37]。信息网和数据库的建立，为政府宏观决策提供了技术和信息支撑，政府宏观决策智能化服务发展进入了飞速发展阶段[38]。

2.1.3 决策剧场——新一代智能化、交互式决策

按照国务院制定的有关方针和政策，我国推动政府信息化的指导原则是："以需求为导向，以应用促发展，统一规划，协同发展，资源共享，安全保密"[39]。进入21世纪以来，随着大数据、人工智能等技术的发展，利用新一代信息技术实现智能化、交互式决策支持已成为近年来的研究热点，政府在完成对公众服务的转型升级中，决策剧场也起到了一定的作用。决策剧场中主要的支撑技术和理论就是仿真技术、可视化技术、群决策理论。决策剧场就是这样一种大数据时代进行科学决策的软硬件一体化决策环境[40]。2005年，美国亚利桑那州立大学建立了全球第一家决策剧场，为针对未来情景方案评估的决策支持提供了可视化、交互式的支持环境。我国华中科技大学、中国人民大学、中国科学技术信息研究所等科研机构也先后建立了决策剧场满足公共决策需求[41]。

从政府宏观决策发展过程中可以看出，政府宏观决策能力与信息技术的发展有着密切的内在联系；信息技术的发展极大地丰富了决策支持的内容、决策支持的形式和决策支持的深度。

2.2 政府宏观决策应用服务现状

面向政府宏观决策涉及经济、科技、教育、民生等多个领域，不同的领域所涉及的数据资源、决策目标也各有不同。我国在许多领域内的政府宏观决策应用也有相应的一些成果和系统可以参考。

2.2.1 人口管理领域应用

2020年第七次全国人口普查结果发布，全国人口共141 178万人，与2010年（第六次全国人口普查数据，下同）的133 972万人相比，增加7 206万人，增长5.38%，年平均增长率为0.53%，比2000年到2010年的年平均增长率0.57%下降了0.04个百分点[42]。随着经济社会的发展，人口流动加大、人口老龄化加剧，面向人口管理的宏观决策更显得尤为重要。

河北省建立的人口管理应用数据库，通过自主采集，实现了省级人口数据大集中，建成了涵盖全省几乎全员人口个案信息库。在全员人口信息的基础上，开发了"河北省全员人口和计划生育信息系统""河北省流动人口管理信息系统""河北省计划生育药具管理信息系统"。并在中国人口与发展研究中心的支持下，研制开发PADIS（Population Administration Decision In formation System）决策支持系统省级应用版本，包括分要素人口预测、多维家庭人口预测、劳动力供需分析、计划生育家庭保障辅助决策等模型。实现了省级人口预测、省际人口信息异地实时变动查询、深入开展全员人口数据分析等工作[43]。

通过第七次人口普查结果发现我国60岁及以上人口的比重上升5.44个百分点，已经全面进入老龄化社会。老龄人口也是社会管理和人口发展中一个重要的方面，我国的很多省份也针对老龄人口建立了老龄人口管理系统，如青海省、吉林和四川省等[44]。吉林省建立的老龄人口管理系统，涵盖了卫健、公安、人社等多个部门的数据资源，完善的省老年信息库，有助于简化办事流程，使各项为老年人服务的优惠政策落实到位；老年人动态信息模式管理能够真正实现，为应对人口老龄化的养老服务建设打下坚实基础；大大提升政府涉老部门的服务能力和工作人员的工作效率，使相关政策、法规管理运行得井井有条[45]。

2.2.2 教育领域应用

"十年育树、百年育人",国家发展,教育先行。我国自 2012 年开始建设的国家教育决策系统(全称为"国家教育科学决策服务系统"),是我国教育领域国家层面的决策支持系统,既是大数据时代的产物,也是政府教育决策支持方式探索的产物。该系统 2015 年在教育部内网正式上线运行,以教育部颁布实施的学校(机构)代码为基础,充分运用现代信息技术手段,集成了新中国成立以来法定的各级各类教育数据;同时,打破数据壁垒,有效连接了经济社会发展、国际比较等数据资源[46]。

教育既关系民族与国家的未来,也关系学生和家长的切身利益。与教育问题相关的舆情事件更容易被扩散和传播,引发社会的广泛关注。杨维东等人[47]提出对教育舆情更好地进行监测分析,从设计教育舆情决策支持系统的角度出发,根据教育舆情数据的层次结构,建立"时间—公众—地域"教育舆情三级水平模型,给出对应的指标体系,明确数据预处理过程中信息采集、信息清理和信息汇总的流程,设计了基于"星形模型"和"雪花模型"的教育舆情数据仓库,建立了"国家—地方—学校"教育数据共享平台。平台充分将人类智慧和人工智能相结合,把专家库纳入教育舆情决策支持系统。

王永平[48]提出全面统计各区县基础教育教学资源分配现状,参考教育资源均衡分配策略,对区县教育资源分配提供建设性意见。基于 PSO (Particle Swarm Optimization) 多目标优化策略,以各区县目前基础教育资源数据作为输入数据,建立资源均衡化分配模型,对待分配教育资源进行分配策略优化,旨在改善基础教育资源区域不均衡现状,为教育决策提供必要支持。

2.2.3 科技领域应用

近年来,各地政府已经深刻认识到科技创新对国家发展的重要意义,纷纷出台鼓励科技创新的政策,对社会各领域的科技创新活动进行引导、规范和激励,在更高层次、更大范围发挥科技创新的引领作用,使我国的科技实力和创新能力得到显著提升[49]。

山东省建设的科技决策支持系统为省科技决策及时地提供各类科技信息,较准确地做出科技投入与生产方面的指导、预测,为全省科技决策和科技发展提供有力的技术支持和科学依据[50]。

其他各省也建立起了自己的科技决策支持系统,有的基于传统的统计方法利用经济学原理进行评估,有的基于大数据平台进行研究,都在建设更加准确、更加有效率、更加实时的科技评价系统。

2.2.4 贸易领域应用

国研网建设的国际贸易研究及决策支持系统平台是迄今为止国内最为权威、全面、系统的国际贸易研究及决策支持系统,旨在通过丰富翔实的贸易数据,全方位、多视角、深层次地展示国际贸易的运行状况、发展趋势以及结构变化,便于快速、便捷、准确地分析判断国际贸易的发展趋势[51]。

国际贸易研究及决策支持系统的数据包括来自联合国统计署的、以各个经济体为主体的、与其各个贸易伙伴往来的、细化到六位编码商品的货物贸易月度数据;来自中国海关总署的、以中国为主体的、与其各个贸易伙伴往来的、细化至八位编码商品的货物贸易月度数据;来自联合国统计署的、以各个经济体为主体的、与其各个贸易伙伴往来的、各服务类别的服务贸易年度数据；以及来自中国海关总署的中国对外贸易指数数据。系统中贸易监测功能提供深度挖掘、可视化展示国际贸易流量与流向、总量和结构的动态与趋势，引领国际贸易大数据研究并为国内外贸易研究提供数据支撑服务。用户可以查询到全球贸易大数据，可视化直观展示贸易分析，满足客户更多需求；为用户提供了海量的贸易数据进行研究，帮助用户把握贸易动态，为决策和研究工作提供有力支持。

2.2.5　财务领域应用

随着大数据、人工智能、移动互联、云计算、物联网等新一代信息技术推动着经济的飞速发展，财务信息系统，特别是用于财务分析与风险管控的智能财务分析与决策系统应用对于企业具有重要的意义[52]。肖聪[53]从财务智能的内涵出发，通过理论与系统的构成研究发现，大数据融合的智能财务决策支持系统可以集成多源异构数据，进行多维度财务分析与可视化展现，洞察经营与财务状况，对标历史与行业竞争力，预测未来发展以及管控财务风险，是适合企业尤其是大型的集团公司实现全方位的财务处理、分析、对标、预测、风险管控的合理途径，满足了集团企业财务智能化需求。

2.2.6　农业领域应用

20世纪80年代，我国开始学习借鉴国外经验，开展了一系列农业决策支持系统研究，包括施肥专家咨询系统、栽培管理专家系统、节水灌溉决策支持系统等。中科院合肥机械所率先研究应用了小麦种植专家决策支持系统。之后，国内陆续出现了土壤管理、水稻施肥、水稻模型栽培、稻麦病虫害预报等诸多决策支持系统。基层农技人员也自此开始接触农业决策支持系统[54]。

到目前为止我国已建立了多样丰富的农业决策系统，如种植、施肥、测土配方、精准灌溉、农业结构生产优化等。如广西桂林国家农业科技园区结合物联网技术与现代农业生产，设计了一种农业大棚生产环境监控系统，系统由农作物生产环境监控模块、野外气象监测站、控制系统模块及管理决策平台等部分组成，让农业温室大棚实时在线，将实时采集的传感器数据、气象数据与传统的种植经验相结合，实现农业生产与数字世界的融合[55]。

在南疆地区兵团第三师 46 团示范应用基于 LORA（Long Range Radio）无线通信技术的自动化灌溉系统方案设计，提出了一种运用时间序列预测的新方法，并对土壤的湿度，农田灌溉需水量进行建模，建立了农田灌溉决策模型实现了对农作物的自动化灌溉、节水高效、精准灌溉决策、远程控制等功能，既能节省水资源，又可以提高农作物的产量和质量[56]。

2.3 政府宏观决策智能化服务技术现状

面向政府宏观决策智能化服务的技术主要包括信息资源整合技术、大数据技术、人工智能技术、数据挖掘技术、数据可视化技术等。

2.3.1 信息资源整合技术现状

2017 年 12 月 6 日国务院总理李克强主持召开国务院常务会议，部署加快推进政务信息系统整合共享，以高效便捷的政务服务增进群众获得感；确定推进公共资源配置领域政府信息公开的措施，推动规范化透明化。会议指出，按照党的十九大建设现代化经济体系和人民满意的服务型政府的要求，加快部门和地方政务信息系统整合共享，打通"放管服"改革"经脉",是便利群众办事和创业创新、增强政府公信力的重要举措[57]。

在信息资源整合体系建设方面王宁等人[58]提出基于 E-R-P(Enterprise Resource Planning)体系的构建,对 E-R-P 体系的构建过程和相互的关系提出信息资源集成方法,把集成方法应用到实践中,效果显著。在掌握了信息资源中数据交换的优缺点后,在系统中做出调整,建立了一种完整的政务信息资源整合系统体系,探讨了数据信息在应用中存在的问题以及对模块的构建及实施方法进行了详细的介绍。

在互联网信息资源整合方面何蕾[59]以 Web 信息资源整合为目标,对网络信息整合的 Web 应用程序和标记语言做了详尽的分析,研发了信息资源整合系统的操作平台,分析了操作平台的优缺点,构建相应的框架,指出用标记语言对信息资源进行处理、加工和发布,运用 Web 技术进行处理的方法。田霖[60]总结 Web Service 技术的优缺点,建立了信息资源整合系统的框架和核心发展技术,在实践中得到了应用。另外,吴占坤[61]也对 XML 和 Web Service 等技术进行了相应的研究。以上的研究都是基于 Web 的信息服务可以为政务信息整合提供高效的基础发展条件。

张玉涛等人[62]认为主题图是一种有效的知识组织工具,利用主题图分析方法,建立和完善政务信息资源整合体系,可以更清晰地了解信息资源的主题,首先以信息资源为条件,明确建设思路,再以主题为节点建立搜索关键词,再标引信息资源语义,为用户快速定位,形成一个完整的系统结构。刘秀如等人[63]为实现政务信息资源整合,同样也以主题图进行研究分析,打破信息分散局面,建立公安信息资源整合框架,分析了主题图式的构建模型,对政务信息资源整合的建立过程做了详尽的说明。

黄科舫等人[64]通过以用户兴趣度为对象论述了信息资源整合模块,在充分研究自动分类和自动聚类技术后,提出了以用户兴趣为目标,分析模型的设计过程和功能模块的配置,做出了资源整合的框架,投入实践以验证模型的可行性。韩永青等人[65]指出可以运用自动聚类技术即把物理或者抽象的集合分组由类似的信息源组成多个信息资源,实现政务信息资源有效结合。它的特点是可以综合利用多个信息量进行分类,分类结果直观,比传统的分类方法更细致全面合理,信息资源整合起来就更加简单方便。

2.3.2 大数据技术现状

"大数据"一词目前尚未有统一定义,不同机构和学者根据其社会角色或学科背景,给大数据做出不同解释。大数据定义众说纷纭的主要原因在于难以定义"大"的概念,由于大家理解角度不同,对大数据的定义自然有所差别。从字面意义理解,大数据是指那些PB及以上规模的数据,数据类型既包括结构化数据,也包括半结构化和非结构化数据。从广义的角度理解,大数据不仅包含规模巨大、类型多样的数据本身,还包括能够从海量数据中挖掘有价值信息的大数据技术。大数据技术的本质是对海量数据的分析处理技术,先要采集研究所需数据,接着对数据进行处理和集成,并存储到数据库中,再用合适方法分析挖掘数据价值,最后针对数据分析结果进行解释[66]。大数据技术不是指某一项具体技术,而是分析处理大数据的一系列技术,主要包括数据采集技术、数据处理与集成技术、数据存储技术。

1. 数据采集

数据采集是指从真实世界对象中获得原始数据的过程。不准确的数据采集将影响后续的数据处理并最终得到无效的结果。数据采集方法的选择不但要依赖数据源的物理性质,还要考虑数据分析的目标。目前主要有三种常用的数据采集的方法:传感器、日志文件和网络爬虫[67]。

马志艳等人[68]通过利用基于 RS 485 的多通路采集系统可快速实现对冷库内部温度、出口压力、膨胀阀流量等数据的采集，同时能够完成故障预警、数据的本地存储以及数据的远程发送。

谢克武[69]认为随着互联网的快速发展，网络数据呈爆炸式增长，传统搜索引擎已经不能满足人们对所需求数据获取的需求，作为搜索引擎的抓取数据的重要组成部分，网络爬虫的作用十分重要。他完整地介绍了在大数据环境下网络爬虫的重要性、网络爬虫的概念、工作原理、工作流程、网页爬行策略、Python 在编写爬虫领域的优势。

2. 数据处理与集成

由于数据源的多样性，数据集由于干扰、冗余和一致性因素等各种方面影响具有不同的质量。从需求的角度，一些数据分析工具和应用对数据质量有着严格的要求。因此在大数据系统中需要数据处理技术提高数据的质量，主要的数据处理与集成技术包括数据集成、数据清洗和冗余消除。

在数据集成方面，冯志勇等人[70]从系统集成的角度出发，利用微服务的核心组件、软件技术发展、架构演化等基础技术，以保证微服务基础设施的可用性，以期为微服务未来的创新和发展提供有价值的理论与技术参考。姚锡凡等人[71]则通过利用集成技术系统提出一种大数据驱动的新型制造模式——主动制造；构建了将组织符号学和"观察—定向—决策—行动"循环模型融于一体的大数据驱动通用体系架构，结合社会信息物理系统的制造模式提出一种大数据驱动的主动制造体系架构。

数据清洗是指在数据集中发现不准确、不完整或不合理的数据，并对这些数据进行修补或移除以提高数据质量的过程。目前在各种类型的数据处理中都有应用。刘云鹏等人[72]在进行电力变压器数据处理时，针对区分有效异常数据与无效异常数据的技术难点问题，除了引入多元时间序列进行关联分析的解决方法以外，结合深度学习理论，提出一种基于栈式降噪自编码器（stacked denoising autoencoder，SDAE）的清洗方法，能够自动重构修复噪声点及缺失值，并在辨识设备异常运行状态的同时有效过滤干扰数据。

冗余消除也是数据处理中必不可少的一个环节，数据冗余是指数据的重复或过剩，这是许多数据集的常见问题。现在比较常用的冗余数据消除（数据削减）技术包括了传统的无损数据压缩技术，有损数据压缩技术、差量压缩技术、数据去重技术等。数据去重技术（或者称重复数据消除、重复数据删除）是一种通过大规模地（比如，文件级、大小的数据块级）识别和消除冗余数据，从而降低数据存储成本的重要技术，数据去重技术相对于传统的压缩技术而言，冗余消除的粒度更大、速度也更快。差量压缩技术作为一种针对相似数据的压缩技术，通过计算相似数据的修改部分（差量）来消除数据冗余。许多研究者提出了数据冗余减少机制，例如冗余检测和数据压缩[73]。这些方法能够用于不同的数据集和应用环境，提升性能，但同时也带来了一定风险。因为数据压缩方法在进行数据压缩和解压缩时带来了额外的计算负担，需要在冗余减少带来的好处和增加的负担之间进行整体考虑。

3. 数据存储

大数据系统中的数据存储子系统将收集的信息以适当的格式存放，以待分析和价值提取。大数据存储主要是数据库和数据平台。数据库对应大数据获取环节，当数据量在轻型数据库存储能力范围内，且仅为响应用户简单的查询或者处理请求的情况下可将数据存储至轻型数据库内。当用户提出大数据分析，以及复杂的挖掘请求或数据量已经远超过轻型数据库的存储能力时，应将大数据导入大型分布式存储数据库或者分布式存储集群。目前典型的大数据存储平台包括 Info Brignt、Hadoop（Pig 和 Hive）、YunTable、HANA（High-Performance Analytic Appliance）以及 Exadata 等，以上数据库中除 Hadoop 外均可满足大数据的在线分析请求[74]。

随着区块链的成熟，王千阁等人[75]在现有区块链系统基础上扩展查询处理功能的两种方法，并从查询效率、写性能优化、存储空间占用、数据安全性和可用性5个方面对其进行对比和分析，认为区块链有效提升了大数据存储能力。

随着闪存、PCM（Pulse Code Modulation）、SCM（Software Configuration Management）等新型存储介质的出现，未来数据存储体系中将以多介质混合存储为主流，这与目前RAM（Random Access Memory）、磁盘、磁带共存的现象类似。李晖等人[76]认为在大数据应用中，将数据集中存储是不可行的，因为巨大的数据量将导致性能低下。因此，必须建立一种新的层次化的多介质存储体系，根据数据的不同特性（例如访问的冷热属性、操作的特性等）以及不同存储介质的特性合理地分配数据存储位置，从而实现海量存储、高性能以及低能耗的设计目标。这一问题涉及多个方面的内容，未来可能的研究内容包括多介质混合存储系统与一体化管理、存储器结构感知的数据管理技术以及大数据分布式协同存储技术等。

大数据技术虽然具有处理速度快，处理数据量多，成本相对较低的优势，但大数据技术不是万能的。当前的一些研究忽略了大数据技术的发展现状，对于大数据应用的设想缺乏现实的技术支持，导致研究只能浮于表面的理论探讨和概念设计，难以作为开展实践活动的指南，最大程度地发挥大数据技术的效用，提高决策的效率和科学性。因此，对于大数据环境下的政府宏观决策智能化服务研究，离不开对当前大数据技术发展现状的准确把握，只有了解了当前大数据技术的能力边界，才能具有实践指导意义。

2.3.3 人工智能技术现状

人工智能是研究用于模拟人类智能的理论和方法的一门科学，属于自然、社会和技术科学的三向交叉学科，涉及数学、计算机科学、仿生学等诸多学科。其试图了解智能的本质，并创造出用类似人类智能的方式做出反应的机器，而深度学习的出现更加接近这一初衷。"人工智能"这一概念最早是在1956年美国达特茅斯学院夏季研讨会上被正式提出，标志着人工智能学科的诞生。此后，人工智能在经历了20世纪60年代的第一次浪潮和20世纪70~80年代的第二次浪潮后，进入了20世纪90年代的平稳发展期。在进入21世纪后，随着物联网、大数据等技术的发展，人工智能迎来了第三次浪潮，发展了包括机器学习、计算机视觉在内的核心技术，在金融、通信、交通、医疗、农业等多个行业得到广泛应用并取得巨大成功，成为"21世纪三大尖端技术"之一。作为一门综合性的前沿学科，未来人工智能将加快与其他学科的交叉融合，助力传统科学的发展。我国对人工智能的发展也给予了极大的重视：2017年发布的《新一代人工智能发展规划》，旨在抓住人工智能的重大发展机遇，提升社会生产力、建设科技强国；2021年发布的"十四五"规划，明确提出要瞄准人工智能、集成电路等前沿领域，实施一批国家重大科技项目，其中人工智能名列第一。

近几年，人工智能技术正在飞速发展。在信息技术的发展下，人工智能大幅跨越了技术与应用之间的那条"鸿沟"，无人驾驶、图像分类、知识问答、语音识别、人机对弈等应用也陆续在技术上取得了可喜的新突破。未来，人工智能将继续前行，不断突破，加速解决代表性问题，以满足社会不同人群的需求。综上所述，人工智能技术已经延伸到各行各业，且人工智能技术涉及视觉、听觉、触觉、嗅觉等各个方面，随着智能设备的出现，使人机交互变得更加自然。

在当下，人工智能技术已经完全成为一门综合研究的学科了。当然，在目前也是此类新兴综合学科当中最具有研究价值，研究涉猎范围最为广阔的。这些关键技术主要包括七大类，①机器学习；②知识图谱；③自然语言处理；④人机交互；⑤计算机视觉；⑥生物特征识别；⑦虚拟现等。当然，从人工智能与政府宏观决策融合的进程来看，也是这些关键技术的部分应用[77]。

（1）机器学习

根据不同的研究背景，机器学习拥有诸多的定义。其中，比较有代表性的定义为对输入的数据集进行分析，发现隐含在数据背后的未知关系，同时以可理解的、有价值的方式对数据进行总结。机器学习主要的任务包括对数据的预测和描述。

柯尊旺[78]通过利用机器学习模型，对网络舆情分析的若干关键技术开展理论及应用研究，提出了一种运用自然语言解释来生成、增强数据集的方法，并实现一个从自然语言解释中学习外部知识的情感分析模型。郑江元等人[79]基于 LightGBM（Light Gradient Boosting Machine）机器学习算法构建的子痫前期预测模型具有较高的预测效果，能够有效预测重庆地区孕妇子痫前期的发生，为临床医师提供决策参考。

（2）知识图谱

知识图谱，旨在使用统一的标准格式来汇集、管理、表达 Web 上的多源异构知识，使得信息检索从朴素的关键字匹配，转向理解语义和识别意图之后的智能搜索。其本质而言，知识图谱是一种语义网络，即一种具备有向图结构的知识库。知识图谱通过将现实世界的概念、实体映射为图结构中的节点，且将这些概念与实体之间的关系，表示为图中的边，从而表达现实世界的客观事实[80]。

乔一丹等人[81]基于知识图谱把握智能调度领域的学科演化性质、分析领域研究热点、探索重要集群性质、挖掘重大突现、洞察结构变异性，提出一种基于知识图谱的研究领域综述分析路径与方法。余正勇等人[82]借助 CiteSpace 可视化软件构建了山地旅游研究的知识图谱，客观呈现了其演变、发展与趋势走向。

(3) 自然语言处理

自然语言处理的问题是人工智能领域中的子问题，其目的是使计算机可以高效地理解人类的语言，并且可以代替人类完成特定的任务。自然语言主要是指人类在交流中使用的语言不仅具有歧义性，而且它随着人类社会的发展会不断地演变。当今流行的处理方法分为基于规则的方法和基于统计的方法两种。前者是基于语言使用中所表现的规则进行处理，后者根据对大规模数据进行统计分析发现潜在的规则从而实现对数据的处理。拥有大规模且优质数据对于自然语言处理工作尤为重要。自然语言处理任务主要包括：分词、命名实体识别、词性标注、机器翻译、文本分类、情感识别等。

奚雪峰[83]通过利用基于 TS LSTM (Title Semantic- Long Short Term Memory) 的文本分类模型，对 LSTM 网络内部结构进行了改进，使得 LSTM 网络在迭代的处理句子时可以考虑到主题信息。蔡启航[84]在分析媒体情绪对股票收益率的影响时，利用自然语言处理原理在相应指标的构造上既采用了学界通用的主成分分析方法构造投资者情绪指标，也通过自然语言处理的方法处理新闻文本信息得到媒体情绪指标，拓展了已有研究。

(4) 人机交互

人机交互技术是指通过计算机输入、输出设备，以有效的方式实现人与计算机对话的技术。

罗勇[85]在针对情境感知智能人机交互关键技术研究时，提出了一种基于结构相似性时空分析的情境感知光照均衡方法。利用光照补偿结构图与物体光反射特性，获取光照补偿空间分布，通过计算两帧之间非动态物体的光照变化量估计光照时变情况；在基于时间和空间的光照补偿基础上，结合对数直方图均衡算法，实现对视频的快速光照均衡化；胡中旭[86]在进行常用人机交互手势识别研究中，为解决深度神经网络对数据的依赖问题，以及手势姿态数据获取成本高的问题，充分挖掘数据集的内在信息研究无监督/弱监督学习方法，结合手势估计数据图像自身特点以输入图像重建为弱监督目标，研究了基于对抗自编码的弱监督优化模型提高了预测的准确率，同时还对数据的内在维数进行了探讨。

(5) 计算机视觉

计算机视觉是一门研究如何使机器"看"的科学，更进一步地说，就是指用摄像机和计算机代替人眼对目标进行识别、跟踪和测量等机器视觉，并进一步做图形处理，使计算机处理成为更适合人眼观察或传送给仪器检测的图像。作为一个科学学科，计算机视觉研究相关的理论和技术，试图建立能够从图像或者多维数据中获取"信息"的人工智能系统[87]。

梁春疆等人[88]提出一种用于检测大尺寸舱段的位姿检测算法。搭建了基于双目视觉的舱段位姿检测系统，对相机、镜头、舱段位姿调整平台进行选型。设计了舱段位姿检测的整体流程。拍摄舱段端面的局部图像，将舱段端面的螺栓孔作为检测对象。在螺栓孔检测过程中，对现有的基于弧支撑的椭圆检测算法进行了改进，使算法能够检测到螺栓孔对应的椭圆方程。计算端面螺栓孔的圆心的空间坐标。根据螺栓孔圆心建立舱段坐标系，计算出舱段位姿。

冯波[89]针对纸病诊断过程中的光源优化问题，提出基于动态寻优的自适应阈值纸病判定方法，通过实验法获取不同时间段图像灰度数据，依据获取数据的时间段对图像灰度数据进行分类，求得相应时间段的灰度最大平均值、灰度最小平均值、总体灰度平均值以及灰度标准差，应用图表分析法对图像灰度各种数据进行对比分析，总结出图像灰度变化规律，并验证显示此方法可以较好地适应外界光线的变化，提高纸病判定系统的鲁棒性。

(6) 生物特征识别

生物特征识别信息（简称为生物识别信息）是指"对自然人物理、生物或行为特征进行技术处理得到的能够单独或者与其他信息结合识别该自然人身份的个人信息"。

姚永贤[90]以应用场景最多的警察执法为例，通过实证分析警察机构收集、比对、应用生物识别信息过程中，对个人信息权可能造成的风险，确立应用生物特征识别技术法律规制路径，即从个人信息权的角度出发，确保个人信息知情权、访问权、修改权、救济权等法定权益的实现，建立外部监督机制，实现公共机构应用生物特征识别技术社会治理的法治化。

竺乐庆[91]针对手部特征的多模态生物识别提出的手部特征包括2D指形、指节纹、掌纹特征，在单一模态生物特征研究的基础上，为改善大数据库搜索识别的时间性能，采用基于"与"规则的决策级多模态融合方案，设计了一种由粗到细、由快到慢排列的层次匹配器，从而实现了既具有较高识别精确度，又具备较理想的大数据库检索时间性能的多模态生物识别系统，并进行了实验评估。

(7) 虚拟现实

虚拟现实（Virtual Reality，VR）是计算机通过数字化手段营造的，虚拟全景模拟环境，以视觉和听觉表现为基础，所显示的是现实世界的镜像再现或者是完全人为创造的梦想世界的任何整体环境，体验者完全沉浸其中，并可以通过一定的技术手段和虚拟环境或该空间中的物体进行各种形式的交互。沉浸式交互虚拟现实，是包括 VR/AR（Aug mented Reality）等覆盖视野、沉浸式的、可在空间行走的、可体感交互的、基于虚拟现实引擎即时渲染的空间信息体验方式。

吴南妮[92]从艺术设计的角度分析沉浸式虚拟现实交互设计，梳理设计的概念与内容，分析虚拟现实交互艺术设计包含的元素、设计原则及评价标准，探讨虚拟现实交互艺术设计的概念原理。

李治军[93]以大连远洋30万吨级超大型油轮"远山湖"号的舵机舱为虚拟设计对象，研究设计基于该舵机舱的虚拟现实系统。主要研究内容包括分析整理相关设备的尺寸数据，对比不同角度的舱室特写照片，建立了完整的舵机舱三维模型，该模型与实船舵机舱有很高的相似度。将船舶舵机舱三维模型导入虚拟现实引擎 Unity 3D 中，实现了虚拟舵机舱室第一人称漫游，实现了舱室设备的交互操作，并设计了可拓展的用户交互界面，完成了最终虚拟场景程序的生成和发布。

2.3.4 数据挖掘技术现状

随着信息技术、人工智能、物联网等新一代智能技术的高速发展，海量的数据与信息逐渐被采集、存储，其中包含结构化、半结构化和非结构化等异质异构数据，如何从这些海量数据中挖掘、提取有价值的信息与知识，已成为当前大数据挖掘研究的重要领域。数据挖掘的一个重要过程就是从大量的数据中提取隐含在其中的有价值的信息和知识的过程。数据挖掘的基本过程包括：数据选取、数据预处理、数据挖掘分析、模式评估及可视化。当前，数据挖掘技术已经从传统的数据挖掘算法拓展到了 Web 链接、XML 文本、树结构等半结构化数据集中发现知识，以及从空间数据、分子结构、科学数据等非结构化数据集中进行数据挖掘。在解决海量数据资源信息和知识挖掘、提取方面，通常需结合人工智能、进化计算、并行计算等高性能计算技术寻找有价值的隐藏信息，并将获取到的信息进行深入的科学分析，以此为决策分析、精细化管理以及大量的高附加值服务提供参考依据[94]。

王春华等人[95]提出一种自适应并行挖掘算法，通过自适应控制的方法，克服在图像分割过程中错误率较大的问题。王菊等人[96]利用虚拟化和大数据相关技术，构建基于 Hadoop 的大数据平台，并提出一种改进的 AprioriParallel 算法，解决中小企业数据挖掘云服务的问题。

毛国君等人[97]从大数据的应用需求入手，分析了具有分布式和流动性技术特征的大数据的应用范围和潜在的应用价值。并在此基础上设计了一个大数据的分类挖掘构架，不仅可以改善大数据的分类挖掘效果，而且在分布式计算、内存占用及节点间的网络通信代价的平衡问题上获得了一个优化的结果。

文馨等人[98]针对传统算法无法高效处理大数据环境下的海量社交网络数据和准确分析用户影响力的不足，综合考虑了用户连接程度和活跃程度，提出一种基于经典SpageRank算法的用户影响力评价模型，实现了快速对微博用户数据的影响力定量分析与评价。

邵梁等人[99]针对大数据中的频繁项集挖掘问题，采用了垂直数据集的思想将数据集进行垂直布局，提出一种基于Spark框架的FP-Growth（Freguent Pattern growth，FP-growth）频繁项集并行挖掘算法。

姜旭等人[100]基于文献统计方法，挖掘物流园区规划研究现状，对研究特点、主要研究机构、主要发文作者等进行研究，为国内物流园区相关研究工作提供一定参考。

2.3.5 数据可视化技术现状

数据可视化结合信息设计、人机交互等技术，将数据转换为图形，在屏幕上呈现，从中发掘潜藏在数据背后价值。数据可视化广泛应用于天文、地理、航空航天、勘探等方面。数据可视化包含科学可视化、信息可视化和可视分析。各个不同领域的学者通过使用数据可视化技术，发掘了蕴藏在数据中的价值规律。

詹超[101]通过应用三维数据可视化技术，实现对地质结构的测绘，直观体现地形地貌特征，使得不具备专业知识的人员也能对其中的地形结果进行判断，让设计人员与专业人员的沟通变得简单，切实提升了水利工程建设的质量与设计效率。

刘文韬等人[102]通过将运营条件线路与车站融合的机制，基于可视化技术，实现运营条件线站位置在铁路路网下的可视化展示，改变现有手工记录管理为主、简单电子化记录为辅的管理模式,实现对铁路客运线路的信息化管理,为促进更合理规划路网信息提供技术支撑。

李英伦等人[103]对通过对试验田中土壤水分含量数据的动态监测与采集,利用统计分析技术土壤水分含量做线性分析,运用相应软件对土壤水分含量数据进行三维可视化研究,实现了土壤水分含量数据三维可视化效果优化,便于对农田环境进行动态监测与分析,促进了农作物精准作业的实施。

杨晨等人[104]通过疫情可视化系统,实现了从多个角度展示国内新冠疫情的发展趋势,丰富了疫情数据的展示内容,为广大人民群众了解新冠肺炎疫情提供了便利。

第 3 章　面向政府宏观决策分析

3.1　政府决策特点

3.1.1　政府决策类型

从政府决策的类型来看，政府决策服务可划分为常规决策服务、应急决策服务和战略决策服务 3 种类型。

政府常规决策服务主要是对一般的事务性问题和程序性问题进行决策，对民生保障服务相关领域的政府数据集、国家基础信息资源库、行业领域信息资源集合、政府决策案例库和知识库等大数据资源的需求较为迫切，大数据资源可以为常规决策提供充分的事实依据和决策范例，有助于提高常规决策的质量。

政府应急决策主要是对突发性的自然灾害、事故灾难、公共卫生和社会安全事件等进行应急处置的决策，需要通过突发事件实时监控数据、应急事件分析数据、应急响应预案和应急处置案例数据库等大数据资源，为应急决策提供全面、及时、可靠的应急方案分析和决策支持信息，从而保证应急决策的效率和可行性。

政府战略决策是对事关国家、地区或领域的全局性、长远性和战略性的重大问题进行的决策，政府宏观决策一般具有决策影响范围广、作用周期长、综合考虑因素多等特点。对大数据资源的全面性、系统性和真实性有着严格的要求，利用大数据资源对政府战略决策的现实基础、风险利弊和发展趋势等进行全面分析、充分权衡和科学预判，有助于提高战略决策的科学性和预见性[105]。

3.1.2 政府决策过程

从政府决策的过程来看，政府决策由问题识别、方案制定、效果预测与方案选择、决策实施效果反馈与分析等阶段构成。

在问题识别阶段，政府决策需要能够全面及时地反映事态发展历程和现实状况的行政管理数据、现场监测数据、网络舆情数据等大数据资源，要求大数据资源具有全面性和及时性，有助于决策主体对问题的内容、性质、影响等形成较为清晰的认识和判断[106]。

在方案制定阶段，政府决策需要能够辅助决策的事态评估数据、决策案例数据、决策预案数据、政策法规数据等大数据资源，要求大数据资源的权威性和多样性，为决策主体制定决策方案提供参考和依据。

在效果预测和方案选择阶段，政府决策需要利用大数据关联分析、效果模拟、趋势预测等大数据技术资源，对决策预案进行比较和选择，提高决策方案的科学性和可行性。

在决策实施效果反馈与分析阶段，政府决策需要实时、准确地获取和分析能够充分反映决策实施进展数据、实施效果数据、社会评价数据等大数据资源，要求大数据资源具有实时性和广泛性，为决策主体进一步调整和完善决策提供支持。

3.2 影响政府宏观决策智能化服务的重要因素

影响政府宏观决策智能化服务质量的因素众多，提高面向政府宏观决策智能化发展也依赖多个方面，究其本质影响政府宏观决策准确性的最重要因素是支撑决策的基础——数据资源。

3.2.1 数据资源

作为支撑政府宏观决策智能化服务的基础，其数据的来源主要来自各政府部门所用的政务信息资源。政务信息资源可以简单地定义为政府相关部门和行政人员在具体政务办理过程中所产生或接触到的各类信息资源，它既包括政府部门的内部文件，也包括政府工作开展过程中依托第三方平台管理、采集、存储的各类社会资源数据，其数据结构表现更加复杂。根据行政惯例，政务信息资源可以分为内部数据资源以及外部数据资源[107]。

1. 政府内部数据资源

政府内部数据资源主要有四大来源：政府网站所产生的数据资源、政府业务系统所产生的数据资源、专项数据资源以及政府工作中的存档、归档数据资源。政府网站所产生数据资源主要包括线上网站实时刷新所产生的前后端数据以及网站用户访问行为所产生的网络日志数据等。政府业务系统所产生的数据资源主要来源于各政府部门所建立的电子政务信息系统或者信息化工程项目在运转过程中所形成的多样化信息资源。专项数据资源与前两种资源有较大区别，是专门领域中所采集、检测的数据，通常呈现非结构化特征，如政府工作人员执法过程中产生的音视频数据、地理信息数据、城市气象数据等。政府工作中的存档、归档数据资源主要是传统的线下政务管理和服务过程中以特定形式记录和保存的各类纸质文件和电子文档等，通常存放在政府档案管理部门手中。

2. 政府外部数据资源

政府外部数据资源主要涵盖了社会信息数据资源和互联网信息数据资源。社会信息数据资源是由大量社会组织产生的数据信息所组成的，这些组织包括：科研事业单位、行业协会商会以及其他民间组织，他们掌握着科学理论研究、行业信息、经济运行等众多数据资源，已成为政务信息资源中不可或缺的一部分。互联网信息数据资源主要是因特网所包含的各类相关信息，政府有关部门履行职责需要大量网络信息作为理论支撑，它来源于各大社交网站、自媒体平台、移动客户端等。政务外部数据相比内部数据的构成更为复杂，同时也能挖掘出更多价值。

3.2.2 数据质量与时效性

政务信息资源来源广泛，结构各异，数量庞大。这些数据资源因为采集手段、应用目的、更新频率的不同使得数据质量不完全一致。而数据质量与时效性又是影响政府宏观决策智能化服务的一个重要因素。首先政府宏观决策智能化服务依赖精准的数据构建的智能化模型，高质量的数据有利于政府制定出科学、精准的决策，而低质量的数据势必会误导政府甚至得出错误的决策，这些错误的决策将对社会产生负面的影响。其次在当前信息爆炸的时代，政府和企业的数据均呈现爆发式的增长，更新的速度也是越来越快，诸如疫情防控监督、智能交通管理等政府智能决策大都依赖于实时的数据更新。如果数据更新不及时，则很难做出精准的决策，甚至造成决策滞后，无法发挥智能决策的优势[10]。

3.3 政府宏观决策大数据资源规划

随着国家治理现代化和政府决策科学化的推进，大数据资源在政府宏观决策支持中的地位和作用进一步加强，政府宏观决策对大数据资源的需求越来越表现出数据种类的多样化、数据内容的集成化、数据处理的即时化和数据服务的智能化特点。但是，大数据资源客观存在着结构复杂、来源广泛、分布不均、管理困难、利用不便等问题，难以满足政府决策支持对大数据资源的多样需求。为此，需要对面向政府决策的大数据资源进行统筹规划，有序推进大数据资源的数据整合、平台建设、技术研发、安全保障和体制机制建设，全面提升大数据资源的获取、存储、管理、分析和应用能力，从而促进大数据资源与政府宏观决策的深度融合。

在构建面向政府宏观决策的大数据资源规划的过程中，应充分考虑大数据资源在数据分布、数据规模、数据结构、数据来源、数据价值密度以及技术处理手段、数据管理方式、资源应用模式、面临的法律伦理风险等方面的新情况，在借鉴已有信息资源规划研究成果的基础上，结合大数据资源在空间结构和时间结构上表现出的新特点，以新的思路审视大数据资源规划问题。在面向政府宏观决策的大数据资源规划中应树立战略引导、大数据驱动、数据统筹、多场景应用和综合保障的规划思路[109]。

3.3.1 战略引导

面向政府宏观决策的大数据资源规划要与国家或区域发展战略相协调，顺应国家治理现代化和政府管理模式改革的整体要求，在国家大数据发展战略的整体框架内，合理设定大数据资源规划的总体目标和阶段性任务。战略引导的规划思路主要是鉴于政府决策对大数据资源的需求随着决策内容、决策阶段、决策类型和决策方式的变化表现出多样性、阶段性和不确定性等特点,如果按照当前的政府决策需求对大数据资源进行规划,容易导致大数据资源规划偏离未来政府决策的实际需要。而国家发展战略和政府改革方向在相当长的时期内具有一定的稳定性和指引性,将两者进行动态结合,不仅能够实时把握政府决策的阶段性需求,还能够在规划实施的过程中不断挖掘、激发和引领政府决策的新需求,从而实现政府决策与大数据资源规划的良性互动。

3.3.2 大数据驱动

面向政府宏观决策智能化服务的大数据资源规划致力于通过大数据资源运用,在大数据资源和技术的支持下整体感知政府决策的内外部环境、预测分析政府决策的效果、模拟仿真政府决策实施过程、动态追踪社会公众的态度反馈,"建立监测灵敏的社会反应和治理体系,实现大数据驱动的开放式治理、流动性治理、精准化治理、网络化治理和协同化治理",推动政府宏观决策和管理模式转变。以大数据驱动政府决策的转型是面向政府宏观决策智能化服务的大数据资源规划的核心价值,是大数据资源、技术和思维在政府决策场景中的综合应用,也是实现大数据资源由资源集合转化为价值动力的关键[110]。

3.3.3 数据统筹

面向政府宏观决策智能化服务的大数据资源规划是对政府数据和社会数据的建设、采集、管理和利用等进行综合协调。在政府内部数据资源方面,以国务院《促进大数据发展行动纲要》和工信部《大数据产业发展规划（2016-2020年）》的推进实施为契机，加快政府数据开放共享，推动政府部门数据共享和公共数据资源开放，加快完善国家基础信息资源体系，实现基础信息集中采集、多方利用，在政府外部数据资源方面，充分利用现有企业、社会组织等的数据资源，推动区域性、行业性数据的汇聚，加强互联网信息的采集、利用、备份及保护，完善互联网信息采集和保存的相关法律法规[111]。通过政府内部数据资源和外部数据资源的有效整合，形成面向政府宏观决策智能化服务的大数据资源基础。

3.3.4 多场景应用

面向政府宏观决策智能化服务的大数据资源规划既要满足政府宏观决策的需要，根据决策类型、决策阶段和决策内容等决策场景的变化提供相应的问题解决方案，也要服务于政府的组织职能、协调职能、管理职能和监督职能。以大数据驱动政府治理方式创新，充分挖掘大数据资源的潜在应用价值，探索大数据资源在社会公共安全、应急突发事件响应、经济发展决策、教育民生领域等应用方面的途径和方式。多场景应用思路主要是基于大数据资源的数据间的内在关联和多元价值，从社会系统整体性的视角审视大数据资源对社会运作的映射关系，提高政府治理能力，通过大数据资源分析社会现实、预测发展趋势的能力，从而拓展大数据资源应用的领域和范围，提高面向政府宏观决策的大数据资源规划的效能和大数据资源利用的效率。

3.3.5 综合保障

面向政府宏观决策智能化服务的大数据资源规划的实现，需要一个完善的保障体系作为支撑，要求组织管理、法律法规、标准规范建设、技术支持和数据安全保障等方面进行综合保障。在组织管理方面，加强部门间的协同合作，形成职责清晰、协同推进的工作格局，促进资源的共建共享；在法律法规方面，完善大数据采集、利用、权益保障和风险管控的法规建设，形成完善的大数据法律运行环境；在标准规范建设方面，加强数据采集、数据开放、数据质量、数据交换等标准的制定实施，推动大数据资源标准体系建设；在技术支持方面，加强大数据存储、认知、分析、处理和可视化等技术的研发，突破大数据应用的技术瓶颈；在数据安全保障方面，针对网络信息安全新形势，加强大数据安全技术产品研发，构建强有力的大数据安全保障体系[112]。

3.4 政府宏观决策应用场景

3.4.1 政府网络舆情监测

随着社会信息化程度的提高，网络舆情事件频频发生，政府网络舆情监测的紧迫性日益突出。通过对政府网络舆情监测的需求分析，提出了舆情监测模型，设计针对政府工作的网络舆情监测系统，能够有效采集、分析网络舆情信息，并为政府提供辅助决策信息，对于切实加强政府应对网络舆情的处理能力具有较大的积极作用。针对政府工作建立的网络舆情监测系统，能够对网络舆情信息进行有效采集、分析，并为政府提供辅助决策信息，切实加强政府应对网络舆情的处理能力，有利于政府积极引导网络舆论向好的方向发展，对提高政府公信力、群众满意度以及维护社会和谐稳定具有积极作用[113]。

3.4.2　教育决策信息化

科学决策是教育管理的重中之重。随着我国经济的快速发展，以及教育投入的不断增加，各级各类学校教学管理与设备都得到了现代化改造。计算机网络已经将学校联结在一起，各种信息全部可以实现网络传送，这为教育决策信息化的运用提供了良好的物质保障，因此，在我国实现教育信息化管理，实现教育决策的信息化是必要、可行的。将地理信息技术引入教育资源区域分配研究，实现教育资源分析的可视化、空间化，更有利于提高信息数据的准确性、高效性。再结合物联网技术实时采集教育状态信息，不但可以提高教育资源管理的工作效率，更给宏观教育决策提供了科学准确的研究[114]。

3.4.3　水利防洪

我国是一个水旱灾害频繁发生的国家，防洪抗旱、减灾防灾任务非常艰巨。为减少水旱灾害造成的损失，深入分析降水的时空分布特性，准确判断降水的量汇流过程，从而辅助决策会商，采取有效的手段进行水旱灾害的预防和控制。为提升我国防汛抗旱减灾能力，充分发挥各大流域已建水库、堤防、蓄滞（分）洪区、涵闸泵站等工程措施的防灾管理效益，全面提升抵御自然灾害的综合防范能力[115]。

3.4.4　地震应急

在各种突发的自然灾害中，地震灾害是最为严重的灾害之一。近年来，频发的地震灾害，给震区人民造成了巨大的人员伤亡和经济损失。地震灾害发生后，如何快速有效地获取震后信息，并制定科学有效的救援实施方案，最大限度地降低人民生命财产损失，显得颇为重要。地震灾害有巨大的破坏性并伴有次生灾害发生的可能。在震后通过利用地震应急预评估辅助决策可快速准确地定位震中、受灾区域以及提供震区内不同需求的专题图件，为有效开展各项应急救援、指挥决策工作发挥积极的作用，将灾害造成的损失降到最低[116]。

3.4.5　政务信息搜索

政府网站通常带有本网站的信息搜索功能，但此类功能一般是根据关键词进行网站信息条目标题的匹配来完成搜索，也有一些政府网站和搜索引擎公司合作提供搜索服务。这样的功能实现往往不能满足广大网民对政务信息的搜索需求，例如一些政府文件，原本已经在某个部门信息栏目中公开，但由于政府网站层级较多，很难被搜索功能或搜索引擎检索到，从而不能及时呈现在用户面前。可以利用机器学习来不断提升政府网站搜索引擎的理解能力。例如，在每一次用户进行搜索时，利用机器学习的监督式学习程序观察用户对搜索结果的响应方式，如果用户点击最上面的那条搜索结果，且停留在该结果指向的网页上，就可以断定用户得到了想要寻找的信息，该搜索是成功的，如果用户点击第二页的搜索结果，又或者没有点击当中的任何搜索结果而输入新的搜索词，可以断定其搜索引擎没能给用户带来想要的搜索结果。利用机器学习监督式学习程序能够从搜索错误中学习，改善用户在政府网站的搜索体验[117]。

第4章 面向政府宏观决策智能化服务关键技术

面向政府宏观决策的关键技术主要包括信息资源整合技术、大数据技术、人工智能技术、数据挖掘技术、数据可视技术、智能服务技术等。

4.1 信息资源整合技术

政府宏观决策离不开数据资源的支撑,面对爆炸式增长的政府内部、外部数据资源,如何能对其高效利用,使其真正发挥出对政府宏观决策的数据支撑作用,势必要利用到信息资源整合技术,通过信息资源整合技术完成对数据的分层、分类管理,从而最大效用地发挥出价值来。

政府宏观决策所需要的数据资源从其数据结构上划分一般可以分为文本类型数据、结构化数据、多媒体数据和空间地理信息数据等种类。针对不同的数据类型其整合的方法、整合后应用的目的也是不同的。

4.1.1 文本数据整合

文本数据主要包括政府内部来往的公文、政府网站上的网页以及政府外部科研工作形成的研究报告等，它的主要类型为 Office 文件格式、网页文件格式或其他文档类型的文件格式。

文本数据整合是指利用全文检索实现多来源、多系统、多数据库的信息汇总整合。文本数据整合的关键是建立信息资源的索引库，通过索引库可以快速定位文本。索引库建立要求如下。

（1）源数据解析完备：源数据解析时，应根据信息资源的特征识别标题、作者、关键词、日期、摘要、来源、内容、链接地址等基本信息。基本信息不完备时，可根据源数据的特点和检索的需要，补充扩展信息。

（2）目标文件建立规范：根据解析结果在检索库中建立目标文件，应按照实际情况合理设置数据字段长度，准确选择数据字段类型，并按字段的重要程度划分必选数据字段和可选数据字段。

（3）源数据与目标文件对应关系明确：目标文件建立时，应明确源数据相关信息与目标文件字段间的对应关系。原则上，源数据基本信息对应目标文件的必选数据字段，源数据扩展信息对应目标文件的可选数据字段，其中必选数据字段不能缺省。

4.1.2 结构化数据整合

结构化数据一般指的是统计数据等以数据表形式组织的数据资源。结构化数据整合是指将不同来源、不同结构的表格数据整合到数据库中，便于数据分析和直观展示。结构化数据整合主要有两种方式，一是按主题组织数据，二是构建多维数据立方体。

（1）按主题组织数据

①按主题建库：数据应根据数据描述的内容按照主题分类建库，做到专库专用。

②信息完备：每个数据库中应具备数据字典表和数据内容表。

③命名规范：数据库、数据表和数据字段命名要规范，名称尽量能表达其含义，长度原则上不超过30个字符，数据类型采用通用类型，确保能在常用关系型数据库之间迁移。

④内容完整准确：数据内容应保证信息完整，且应与数据来源保持一致。原则上，小数部分保留小数点后两位有效数字。

（2）构建多维数据立方体

数据立方体是联机分析的数据组织方式，构建数据立方体的目的是为联机分析提供数据支撑，数据组织要求如下：

①优先选用星形架构，当星形架构不能满足需求时应采用雪花架构；

②数据维度表符合关系型数据库范式约束，不应出现无关数据；

③事实表中的数据应为具有一定颗粒度、层次相同的数据。事实表不应包含汇总数据；

④对事实表和维度表中的关键字应创建索引，同一种数据尽可能使用一个事实表；

⑤保证数据的参考完整性，确保事实表中所有数据都出现在所有的维度表中，避免事实表中的某些数据在立方体进行聚集运算时无法参与进来。

4.1.3　多媒体数据整合

多媒体数据包括图像数据、音频数据、视频数据等。多媒体数据整合与文本类数据整合的方法相似，也是利用全文检索方法实现。与文本数据相比多媒体数据的基本信息相对较少，包括多媒体数据标题、关键词、日期和数据来源等描述信息，多媒体数据整合并不对图像、音频、视频的内容进行解析。

4.1.4 空间地理数据整合

空间地理数据整合是指将不同来源、格式、特征的地理信息数据进行加工、整合处理，实现空间地理数据的一体化管理和共享应用。根据数据类型特点，空间地理数据整合方法分为两类：空间地理数据内部整合和政务信息空间化。

(1) 空间地理数据内部整合

不同时段、不同比例尺、不同类型的空间地理信息数据统一管理起来，常用的空间地理数据类型包括：矢量数据、影像数据、DEM（Digital Elevation Model）数据、DOM（Digital Ortho Photo Map）数据等。具体为

①在信息资源空间化基础上，逐条进行标引，为空间相关信息资源增加行政区划编码、规则地理网格编码属性；

②对于任意目标区域，快速获取区域内多尺度网格列表；

③根据地理网格列表，通过地理网格索引提取并合并地理区域内的网格信息资源；

④通过超文本与地理信息编辑和图文混合排版，实现多来源、多尺度业务文本、表格信息与地理信息的整合与一体化展示。

(2) 政务信息空间化

通过提取政务信息中隐含的空间信息，采用一定方法获取空间数据，实现政务信息空间化，从而便于在地图上可视化表达。可采用地理对象关联、统计数据空间化和地理编码等方法。

①地理对象关联，通过地名关联政务信息和空间地理数据，获取政务信息坐标实现定位。

②统计数据空间化，以行政区划为统计单元的统计数据，利用行政区划代码完成统计数据与地理空间数据的关联，实现统计数据空间化。

③地理编码，通过地址描述获取地理坐标。

4.2 大数据技术

4.2.1 政务数据采集技术

政府宏观决策中需要考虑多方面的因素,其涉及的数据来源广、种类多、数量大。根据分类规则不同可以对这些数据进行不同的划分,例如根据数据种类的不同,可以细分为结构化、半结构化和非结构化数据。或者根据数据来源的不同,可以细分为网络数据、环境数据、业务数据、调查数据、日志数据等。数据采集是应用大数据的第一步,针对不同的数据采集方式的技术也各不相同。

1. 网络数据采集

网络数据采集是指利用互联网搜索引擎技术实现有针对性、行业性、精准性的数据抓取,按照一定规则和筛选标准进行数据归类,并形成数据库文件的一个过程。网络数据采集是当前大数据研究领域的热点之一,多数大数据服务公司提供的数据采集服务也主要是针对网络数据采集。其中最常用的技术主要是网络爬虫或直接利用网站开放的应用程序编程接口。

网络爬虫技术是一种按照一定的规则,自动抓取网络信息的程序或脚本。网络爬虫根据网页的链接地址进行网页查询,从某个网站的某个具体页面开始,逐一读取当前网页上的内容,并找到该网页上链接的其他地址,再通过这些链接地址进入到下一个网页上,不断地循环下去,直至把这个网站上所有的网页都抓取完成或者满足预设的停止条件为止。该方法可以把非结构化数据从各个网页上抓取出来,再按照结构化的方式把这些数据统一地储存为本地的数据文件。网络爬虫技术支持图像、视频、音频等非结构化文件和附件的采集，并实现文件和文字信息的自动关联。

网站开放应用程序编程接口是指利用网站提供应用程序编程接口获取数据的一种方式，它依赖于接口提供的数据范围，只能根据接口开放的程度获取网站授权的数据，具有一定的局限性。

2. 环境数据采集

环境数据不仅包括自然环境的数据也包括公众生活的社会环境的数据。在研究和生产活动中，为了尽可能地收集周围环境中的各种信息，研究人员发明了各种传感器，大到太空中的卫星，天空中的无人机，小到生活中随处可见的摄像头、嵌入各种机器设备中的传感芯片。这些传感器就像人类自身感知器官的扩展，分布在人们所处环境中的各个角落，采集来自环境中的各种数据和信息。

随着移动信息网络和智能传感设备两个领域的快速发展，环境数据采集技术正在呈爆发式地发展，同时又悄无声息地进入到人们生活中的各个方面。其中最为广泛应用的环境数据采集方式是通过各种智能传感器，这些传感器价格低廉、体积微小、具备无线通信和计算功能，可以随时测量和传输关于位置、运动、震动、温度、湿度等各个方面的数据。目前传感器已经渗入如工业生产、医学诊断、资源调查、环境监测、智能家居、智慧城市等广泛的领域，它是人们采集环境数据的重要手段，也是海量数据产生的重要原因。

同时人们也在通过飞机、卫星等搭载的遥感设备，遍布城市的摄像头等搜集着各地的地貌改变、洋流流动、大气变化以及交通流量、人口迁移等数据。这些遥感监测技术形成了对全球环境进行监测的多层次、多视角、多领域的观测体系，在环境数据采集、处理和分析等方面发挥着重要的作用。

3. 业务数据采集

业务数据是指政府部门或企业在开展日常业务的过程中产生的数据，例如各个政府部门登记的各类公众信息，医院留存的患者体检就医的信息，商店记录的顾客购买和退换货信息，车站登记的旅客购票和乘车信息等。这些信息随时都在源源不断地产生于不同的地点，其中包含了公众日常工作和生活中的大量信息，具有巨大的价值。过去这些数据通常被不同的数据拥有者以不同的形式保存并孤立地使用，使得数据之间很多关联信息被人为地丢失和忽略了。在政府进行决策的过程中，需要尽可能地充分利用这些数据，其中第一步就是要将这些分散于各个业务系统中的海量数据整合到一个统一的大数据平台之中。业务数据的采集过程需要将大量的、不同来源的、不同格式的数据从不同的数据库中抽取出来，放入统一的采集数据库中，以便进一步地挖掘和分析。大量来源于不同数据库的信息以及各式各样的分析需求，给业务采集过程在数据交换和处理上提出了更高的要求。采用ETL将不同数据库中的数据按照统一的模型集成整合到采集数据库中，是采集业务数据的重要方式。

ETL是指将数据从数据源中抽取（Extract）、转置（Transform）、加载（Load）到目的端的全过程。抽取：数据抽取是指从数据源中将数据提取出来的过程，根据数据源的不同，需要采用不同的数据抽取方式。转置：将从不同数据源中抽取的不规范数据经过转换和加工（如去噪、规范格式等），转换为符合目标数据库的存储格式。加载：将转换和处理后的数据装载到目标数据库中。ETL可以将分布的、异构的数据如关系数据、平面数据文件等抽取到临时中间层后进行清洗、转换、集成，最终按照定义好的数据模型，将数据加载到目标数据库中。除了将原始数据通过ETL转换为规定数据格式外，国家也在制定统一的大数据标准，鼓励不同的部门和企业使用统一的标准管理各自的业务数据，便于日后数据的集成运用。

4. 调查数据采集

统计调查是一种历史悠久且行之有效的数据收集方式，过去调查数据是进行决策分析的重要依据，而在大数据技术迅速发展的今天，这种传统的数据采集方式并没有衰落，相反因为更多新的技术和方法的引入，应用范围扩展得更广。调查数据的来源主要分为三类：第一类是政府部门组织的大规模调研，如人口普查和经济普查；第二类是由大学、研究机构组织的调研，如中国人民大学开展的中国综合社会调查；第三类是由企业、行业组织或咨询公司组织的调查，这类调查主要是为了了解某个市场的现状及其未来的发展趋势。

传统的调查方式包括面对面访谈、电话采访、纸质调查问卷等方式，调研过程和后期的数据录入都会耗费大量的时间，如果某个环节出现了问题，如问卷丢失或统计数据录入错误等，都将严重影响调查数据的准确性。随着移动信息技术的飞速发展，统计调查也逐渐向更加智慧智能的方向发展。现在通过手机、计算机等移动智能设备采集调查信息已经变得越来越成熟和普遍，通过智能的识别和推送，问卷可以精准地发送到被调查者手中，被调查者直接在移动设备上就能填写问卷，点击提交后调查信息便及时上传到云平台，不仅实现了问卷的准确方法和快速收集，还能准确记录和传输数据。大幅提高了调查信息的采集速度，同时也降低人为失误造成差错的概率。

5. 日志数据采集

日志数据一般为流式数据，如网页浏览、查询频率等。原本记录这些数据是出于系统的故障恢复、安全性等目的，后来人们发现日志数据中蕴含了很多反映使用者行为特征的信息，使得日志采集技术的研究越来越受关注。日志采集技术的关键是从不同的日志源上收集相关日志，储存到中央存储系统上，以便进行集中统计分析处理。日志采集技术需要为日志的分布式采集和统一式管理提供可扩展、高容错的技术支撑。

目前数据采集工具大部分采用的都是分布式架构，可以实现每秒高达数百兆的日志数据的采集和传输。

从当前的大数据采集技术的发展现状来看，当前已有的大数据采集技术已经基本能够实现对结构化数据的全面覆盖，尤其是调查数据、业务数据、日志数据和网络数据的采集方面都已经具有了较强的数据采集能力，在对于环境数据的采集方面，随着移动信息网络和智能传感设备两个领域的快速发展，各类微型采集芯片将逐步进入人们生活中的各个方面，进一步提高政府对于环境数据采集的能力。因此，在当前的大数据环境下，数据的采集问题并不是大数据技术在政府宏观决策领域内应用的主要难题，只要大数据存储技术能够提供足够的存储空间，各个大数据采集端将为决策提供源源不断的信息。所以，在当前的大数据环境下，政府拥有足够的数据采集技术和数据来源，政府需要做好数据的分类管理工作，根据实际问题的需要确定数据的来源，选择合适的数据采集方法，提高数据采集的效率。

4.2.2 大数据处理技术

大数据处理技术是大数据技术的核心技术，大数据处理技术的优劣往往决定了大数据平台的优劣，常用的大数据处理技术有 Map-Reduce 离线计算框架、Spark 内存计算框架、Storm 流式计算框架、轻量级弹性计算平台等几种[118]。

1. Map-Reduce 离线计算框架

Map-Reduce 是谷歌公司提出的一种离线计算框架，目前该模型已经成了事实上的并行计算标准。Map-Reduce 主要用于大规模数据集（1 TB 以上）的并行运算。Map（映射）和 Reduce（化简）反映了并行计算两个主要的处理环节，对应两个具体的函数。Map 函数用来把一组键值对映射成一组新的键值对，后续将分发到分布式处理节点中进行处理。而 Reduce 函数则用来保证所有的映射的键值对中的每一个共享相同的键组，实现多节点处理结果的整合。除了 Map 和 Reduce 之外，还包括了 Split、Partition 等过程，这些过程的控制是保证 Map-Reduce 高效执行的关键。简单地说，映射函数就是对由多个独立元素组成的概念列表中的每个元素进行指定的操作。大规模运算是相对独立的，所以在高度并行的环境下化简函数依然很有用[119]。

2. Spark 内存计算框架

Spark 是一种内存计算集群环境，启用了内存分布数据集，提供了交互式查询。Spark 是在 Scala 语言环境下实现的，Spark 把 Scala 作为它的应用程序框架，因此 Scala 语言的特点也铸就了大部分 Spark 的成功。与 Hadoop 不同的是，Spark 能够和 Scala 紧密集成，其中的 Scala 能够像操作本地的集合对象一样容易地操作分布式数据。虽然最早创建 Spark 的目的是能够支持分布式数据集上的迭代作业，但实际中 Spark 已经变成了对 Hadoop 的一种补充，通过类似 YARN（Yet Another Resourse Negotiator）的第三方集群框架支持，可以在 Hadoop 文件系统中并行运行。

Spark 是针对集群计算中特定类型的工作负载，即那些在并行操作间反复调用工作数据集的工作负载而专门设计的。为了对这类工作负载进行优化，Spark 引入内存集群计算的概念，从而能够在内存集群计算时把数据集缓存在内存中，达到缩短访问延迟的目的。除此之外，Spark 还引入了弹性分布式数据集（Resilient Distributed Datasets，RDD）的抽象。RDD 是指分布在一组节点中的只读对象的集合。这些集合具有弹性，即便数据集丢失一部分，仍然能够对其进行重建。重建数据集丢失部分的过程需要依赖容错机制，这一机制允许基于数据衍生过程重建数据集丢失部分的信息。RDD 以一个 Scala 对象的形式表示，且能够从文件中创建[120]。

3. Storm 流式计算框架

Storm 流式计算框架的产生源于 Map-Reduce 离线计算框架对流处理问题的弱势而出现的，Map-Reduce 始终不能使它很好地适用于流处理的情境，需要研发全新的架构来处理这类任务。此外，传统的复杂事件处理（Complex Event Processing，CEP）解决方案也让人们心存疑虑，担心它的非分布式架构的可扩展性可能不足，不具有充分的可扩展性来满足海量数据的处理要求。针对这一特殊的问题领域 Storm 应运而生[121]。

从数据源特征角度来看，Storm 计算框架与 Map-Reduce 有明显的不同，Storm 的数据源是动态的，即收到一条处理一条，而 Map-Reduce 的数据源是静态的，数据被处理前整个数据集就已经确定，且计算过程中不能被修改。Storm 适用于不同的三种场景：分布式远程过程调用协议（Distributed Remote Procedure Call Protocol，Distributed RPC）、持续计算（Continuous Computation）以及事件流（Stream Processing）。这种实时计算框架能解决很多实际应用问题，如公众行为实时分析，偏好变化趋势预测等。除此之外 Storm 还有以下特点。

（1）可扩展性好：若某个集群的处理能力不足，只需把一些新的节点加入其中，就能把计算转移至新加入的节点来满足需要。可扩展性的关键在于计算中各种所需的状态都是自满足的，不会对特定节点存在强依赖。如此一来计算就能够很容易地在节点之间迁移，整个系统计算能力不够用的时候，加入新的节点就可以。Storm 的计算模型本身是扩展好的，可以很容易地分布在多个节点上。

（2）系统可靠性高：Storm 这个分布式流计算框架是建立在 Zookeeper

的基础上的，大量系统运行状态的元信息都序列化在 Zookeeper 中。当一个节点出错时，对应的关键状态信息并不会丢失，换言之 Zookeeper 的高可靠性保证了 Storm 的高可靠性。

（3）计算可靠性高：分布式计算涉及多个节点或进程间的通信与依赖，最为关键的问题是如何正确地维护所有节点的状态和依赖关系。Storm 能够很好地保证整套机制正确运行，确保消息被完全处理。

4. 轻量级弹性计算平台

伴随着大数据平台的高速发展，不断出现了大量基于数据密集型应用的计算框架，例如：支持离线处理的 Map-Reduce，支持在线处理的 Storm，以及迭代式计算框架 Spark 和流式处理框架 S4。这些计算框架分别由不同的公司和研究所开发，且各有所长，分别解决了某些方面的应用问题。在政府宏观决策中，这些框架都可能被分别或同时采用。考虑到数据共享、运维成本、资源利用率等因素，用户通常希望能够把这些框架全部都部署在同一个公共集群中，以便它们可以共享集群资源，并统一地使用资源，同时采用某种资源隔离方案对各个任务进行隔离，这样的需求下轻量级弹性计算平台应运而生。其中，Apache YARN 就是最主要的代表之一[122]。弹性计算平台的目的并不只是支持 Map-Reduce 计算框架，而是希望能够实现对多种框架进行统一管理。与传统的一个计算框架对应一种集群的模式相比，弹性计算平台这种共享集群的模式具有很多优点。

（1）资源利用率高：弹性计算平台通过多种计算框架对资源进行共享，可以更加充分地利用集群中的资源。

（2）运维成本低：通常弹性计算平台只需要少量的管理员就能够实现对多个框架统一的管理和维护。

（3）数据共享：随着数据量的不断增加，进行跨集群间数据的移动时，不但花费的时间越来越多，而且硬件的成本也会随之增长。而弹性计算平台能够让多种框架共享硬件资源和数据，可以大大降低数据移动的成本。

4.2.3 大数据存储

大数据存储作为未来政府宏观决策体系中超大规模数据信息支撑的基础，是大数据基础设施的一个重要组成部分。当前的以大规模、高性能和可扩展为基础的网络化分布式海量存储系统的设计理念以及研究具有局限性，已经很难满足未来政府宏观决策中的各种复杂问题在规模、效率、可靠性、能耗、安全和智能化方面的综合性储存服务能力的需求。总体来说，政府宏观决策中的数据储存应该具有以下特点：政府决策数据中很多来源（如政府信息化数据平台、公众日常行为数据平台、城市运行数据平台等）的数据量都是以 TB 级的速度在高速增长，这样的数据规模和数据管理的难度已经今非昔比。各种决策分析模型对数据的可访问性和访问持续时间在增加，使得数据必须保证能够时刻处于可访问的状态。数据种类和数据应用的不断增值和扩展，使得决策中的大数据具有异构多样化、动态生长、语义丰富、地理分散等特征。政府宏观决策需要可靠、高效同时低成本的数据存储方式。

政府宏观决策分析中的处理对象既包括结构化数据，同时也包括大量非结构化、半结构化的数据，针对这样的存储要求，当前常用的主流存储技术包括：关系型数据库、非关系型数据库、实时数据库、分布式文件系统、列式数据库等。

1. 关系型数据库

政府宏观决策数据来源中不乏大量传统的信息化平台，关系型数据库是传统信息化平台的数据基础。通过异构数据交换平台，从各个子业务系统中获取数据并存储。关系型分布式数据库的理论基础是 ACID 模型，即原子性（Atomicity）、一致性（Consistency）、隔离性（Isolation）和持久性（Durability）的缩写。关系型数据库的理论基础决定了其具有较强的并发读写能力、数据强一致性保证、很强的结构化查询与复杂分析能力和标准的数据访问接口，非常适合数据库平台的建设，是处理结构化数据的主流技术。

然而随着互联网应用的高速发展，数据库的大小与过去的局域网内的应用相比提高了若干个数量级。通过 SQL（Structured Query Language）数据库的 ACID 可以知道传统的关系型数据库因为通用性设计带来了性能上的限制，常见的解决方案主要有包括以下两种：一种是通过集群提供较强的横向扩展能力，但是当节点增加一定数量时，性能上就难以获得明显的提升了，而且这样的集群成本很高。另一种是采用数据分片技术，通俗地讲，是将一个大数据库按照一定规则拆分成多个小数据库的一种技术。常用的分片方案有：按功能划分（垂直切分）或按表中某一字段值的范围来划分（水平切分）[123]。

2. 非关系型数据库

非关系型的数据库即是 Not Only SQL（No-SQL）。政府拥有的数据资源中包含大量的不适合传统关系型数据库储存的业务数据，在对信息进行整合利用的过程中也会产生大量的中间数据需要高效地储存，这些数据如果使用传统关系数据库管理，效率会很低，也难以满足数据量平行扩展的需求，使得性价比不高。

通过 No-SQL 数据库，使用 Key-Value 结构来存储这些数据，在保证数据可用性和关系型的同时，满足了数据的高效存储和高效处理、平行扩展等要求。和关系型（SQL）分布式数据库的 ACID 理论基础不同，No-SQL 分布式数据库的理论基础是 BASE 模型。BASE 是 Basically Available、Soft State、Eventually Consistent 三个词组的简写，是对 CAP 原则

（Consistency、Availability、Partitiontolerance）中 CA（Consistency Availability）的应用和延伸[124]。

3. 内存数据库

内存数据库是目前支持实时任务处理的最适合的技术。内存数据库使用内存作为数据库存储的介质，因此存取的速度很快，能够与 CPU 进行快速的数据交换，避免了数据库使用外存时存取速度慢、执行时间不可预估等缺陷。尽管内存数据库对于内存空间的需求比较大，但并不要求把所有的实时数据和历史数据都放到内存中，只是将存取频率较高和有效时间较短的数据保存到内存。内存数据库应该设置 I/O（Input/Output）接口，方便与外部存储器中的关系数据库进行数据交换。使用内存数据库对实时事务处理进行支持时，数据是驻留在内存中的，这样就解决了传统磁盘数据库事务运行中输入/输出的瓶颈，使 CPU 在直接访问数据库时达到极高的存取速度，大大提高了系统性能和吞吐量。对于有效的当前数据，需要尽可能迅速地提供数据的索引和存储，以供分析使用，因此可以采用内存数据库的方式完成对有效数据的存储，数据的保存采用顺序保存的方式。内存数据库的时效引擎会自动扫描有效数据，失效的数据会被顺序转入历史数据库，采用 Key-Value 结构保存。对于历史数据，可以使用多种不同的压缩算法，以适应业务系统的需要。包括有损的线性拟合压缩算法、无损的哈夫曼编码方式的压缩算法，可以节约大量的存储空间。

4. 分布式文件存储

分布式文件系统（Distributed File System，DFS）是目前实现非结构化数据存储的主要技术。在分布式文件系统中文件管理系统中的物理存储资源不需要直接连接到本地的节点上，而是可以通过利用计算机网络与各个节点相连。分布式文件系统基于客户机/服务器模式进行设计。一个典型网络可以包含数个可供多用户进行访问的服务器。此外，利用对等特性可以允许一些系统同时扮演客户机和服务器的双重角色。例如，用户可以"发布"一个允许别的客户机进行访问的目录，一旦目录被其他客户机访问时，对于其他客户机来说这个目录就像是在使用本地驱动器一样[125]。

目前最成功的分布式文件系统的实施标准和实现是 Apache Hadoop 的 HDFS（Hadoop Distributed File System）系统，HDFS 正是基于谷歌的分布式文件系统进行构造的。它有着高容错性的特点，并且设计可以用来部署在低廉的硬件上，除此之外它还可以提供很高的吞吐量来支持对应用程序数据的访问。因此，在那些有着超大数据集的应用程序上有着很大的应用空间。HDFS 放宽了对可移植操作系统接口（Portable Operating System Interface of UNIX，POSIX）的要求，从而实现以流的形式来访问文件系统里的数据，其包括以下特点。

（1）支持超大文件：这里的超大文件指的是具有几百 MB、几百 GB 甚至几百 TB 大小的文件，目前已经有存储几百 PB 级数据的 Hadoop 集群了。

（2）流式数据访问：HDFS 的核心思想是一次写入、多次读取，是目前较为高效的一种访问模式，通常数据集由数据源产生或者从数据源直接复制而来，然后在此数据集上长时间地进行各种分析。每次分析中都会包含该数据集中的大部分甚至是全部的数据。

（3）硬件要求低：Hadoop 并不需要运行在昂贵的高可靠性硬件上，其被设计可以运行在价格低廉的商用硬件集群上。

（4）高时间延迟的数据访问：HDFS 为了适应高吞吐量的应用进行了优化，而这是以牺牲一定的时间延迟为代价的。因此，对于那些要求较低延迟时间的数据访问应用，不适合在 HDFS 上运行[126]。

5. 列式数据库

列式数据库是一种按照列相关存储架构来存储数据的数据库，主要适用于即时查询和批量数据处理。面向列的数据存储架构更适用于政府宏观决策这样在海量数据中进行有限复杂查询的场景,列式数据库对比传统的关系型行式数据库的优势主要体现在[127]以下几点。

(1)不读取无效数据:在降低 I/O 的开销的同时提高了每次 I/O 的效率,查询语句无须读取其他无关列的数据,只从磁盘读取所需要的列,大大提高查询性能。

(2)高压缩比:压缩比可以达到传统数据库的 5~20 倍,使得数据占用的空间降低到仅有原来的十分之一,从而大大降低了存储设备的成本。当数据库的大小与数据库服务器内存大小之比达到或超过 2∶1 时,列式存储的 I/O 优势就显得更加明显了。

目前主流的列式数据库存储方案是 Apache Hadoop 的 HBase(Hadoop Database)体系,和 HDFS 一样,HBase 也是基于谷歌的 BigTable 进行构造的。

4.3 人工智能技术

4.3.1 政务知识图谱

政务知识图谱构建方法是实现海量政务数据自动化分析检测的关键手段,借助前沿的人工智能技术和最新的深度学习理念,将其与政务数据的具体特征相结合,可以实现高精度、高效率的信息抽取。信息抽取任务致力于将文本中的非结构化信息,借助算法自动转换为结构化信息,该过程可分为两个步骤。首先是命名实体识别(Named Entity Recognition,NER),又称为"专名识别",主要任务是识别文本中的实体边界和实体类别。具体的实体类别根据用户的使用需求选定,在政务文本的实际应用中,一般选取人名、地名、组织机构名、民族、籍贯、学历、专业和职务等类型的实体作为识别对象，其中识别难度较大的、重要性较强的是人名、职务名和组织机构名。其次是实体关系抽取（Relation Extraction，RE），主要任务是识别两个实体对之间的关系类别，政务文本中常见的关系类别包括民族关系、本人籍贯、政治面貌、教育经历、所学专业、所在单位、担任职务、专业设置、职位设置等。除此之外，针对不同政府机关的公文数据，还可包括活动主办、发生时间、发文机关、指标数值等关系类型。通过命名实体识别和实体关系抽取两个步骤，即可获取文本中的语义关系。政务知识图谱既能打破不同部门之间的信息壁垒，实现信息共享，简化服务流程，提高办公效率，促进数字政府建设，又能降低个人和企业获取政务数据的门槛，为开展相关领域的科学研究和商业应用打下坚实基础。

1. 命名实体识别

命名实体识别。该任务由 Rau 等人[128]首次提出，其后受到众多专家学者的关注，经由 MUC（Message Vnderstanding Conference）、ACE（Automatic Content Extraction）、CoNLL（Conference on Computational Natural Language Learning）、SIGHAN（Second International Chinese Word Segmentation Bokeoff）等会议评测不断丰富和发展，其定义与内涵不断完善细化，逐渐成为自然语言处理领域的一个重要研究课题。命名实体一般是由多个词构成的复合词，是人们最关注的词汇，同时也是信息抽取任务的焦点。不同领域对于实体的定义各不相同，通常根据实际需求进行选取，例如政务文本中会将政治面貌、组织机构、公文名称等复合词视为命名实体。命名实体识别的任务是检测实体的左右边界和类别属性，根据技术的发展演化阶段可将其划分为三类不同的方法。

（1）基于规则和词典的方法

基于规则和词典的实体识别方法需要人工制定词汇与语法的匹配模式、针对特定研究领域的专有名词词典。对于规则性较强的命名实体，例如通用文本中的网址、邮箱地址和商品编号等，可借助正则表达式进行规则匹配。基于规则的系统设计思路简单清晰,当规则能充分刻画语言现象,且词典的内容较为详细时,该方法能实现较高的查准率。在实际应用场景中,该方法的主要缺陷在于:严重依赖人工干预,需要经验丰富的领域专家参与,系统开发工作量较大、建设周期长;规则和词典与知识领域、文本风格密切相关,导致系统可迁移性较差;有限的匹配规则和名词词典难以囊括近乎无穷的语言现象,容易产生错误。

(2) 基于传统机器学习的方法

传统的机器学习(Machine Learning,ML)方法逐渐被应用于命名实体识别任务。这些方法充分利用词汇特征、列表查找特征、文档和语料库特征,将实体识别问题转换为序列标注问题进行处理,在识别过程中需要考虑预测标签序列之间的依赖关系[129]。最开始被应用的模型是最大熵模型(Maximum Entropy,ME)[130]。该模型基于最大熵原理,可灵活地设置约束条件,用于表示模型对样本的拟合程度。当训练集的规模增大时,ME 需要增加约束条件的数量,使得模型的计算开销增大,限制了该方法在命名实体识别任务中的应用场景。后续 Bikel 等人[131]设计的 Identi Finder 系统,用于识别人名、数值、时间和日期,该系统基于隐马尔可夫模型(Hidden Markov Model,HMM),具有训练时间短,识别效率高等优点。2002 年 McNamee 等人[132]使用支持向量机模型(Support Vector Machine,SVM),对 4 种实体类别的 2 个标签类型进行分类。SVM 的决策函数充分利用少数支持向量,通过剔除冗余样本,既能降低模型的计算复杂度,又能增强模型的鲁棒性。该方法通过求解二次规划得到支持向量,当训练样本规模较大时,对计算设备的内存需求和计算时间开销都将显著增加。2003 年 McCallum 等人[133]将 CRF(Conditional Random Field)模型引入到 NER(Named Entity Recognition)任务之中,通过文本局部特征的线性加权组合计算联合概率,可显著提高预测精度。该模型的主要缺陷在于过度依赖特征的选择和优化,影响系统输出效果。

(3) 基于深度学习的方法

深度学习（Deep Learning，DL）相关技术的不断发展和完善，给命名实体识别任务注入了新的活力，无须特征工程和相关领域经验，有效减小了面向特定领域的 NER 算法开发难度[134]。借助各种深度神经网络（Deep Neural Network，DNN），在不同隐藏层中选取适宜的激活函数，实现输入输出数据之间的非线性映射，借助非线性映射关系逼近任意函数，有助于学习文本中复杂的语言特征，即可进一步改善命名实体识别模型的性能。根据数据表示方法的不同，可将基于深度学习的 NER 方法可划分为三类：基于词汇信息的方法（Word-Based Method）、基于字符信息的方法（Character-Based Method）、混合词汇信息与字符信息的方法。中文命名实体识别领域的研究表明，基于词汇信息的方法相较基于字符信息的方法具有更加明显的优势，逐渐成为中文 NER 的基本方法[135]。基于词汇信息的方法能够较好地处理未登录词（Out-of-Vocabulary，OOV），共享语素级别的规则信息。基于字符信息的方法可充分利用词汇信息和词序信息，有助于改善实体识别效果，其主要缺陷在于分词过程不准确将会引入一定的误差。此外，也可以利用基于词典信息的图神经网络，将 NER 问题转换为图节点分类问题，通过迭代聚合机制解决中文词语边界模糊问题，有效捕捉全局上下文信息。

尽管现有的深度学习方法已在 MSRA、Ontonotes4、Resume、Weibo 等公开数据集上取得了较好的效果，但是由于不同领域的文本特征差异较大，对实体识别任务的个性化需求不尽相同。

2. 实体关系抽取

在完成命名实体识别之后，需要进行实体关系抽取。作为自然语言处理领域的经典任务，实体关系抽取方法在近 20 年的时间里不断丰富和发展，模式匹配和词典驱动等方法均被应用其中，取得了丰硕成果。随着深度学习理论的不断发展，各种神经网络结构层出不穷，为实体关系抽取模型的设计提供了更加多元化的选择。根据训练数据的标注状况，可将现有的实体关系抽取方法划分为三类：基于有监督实体学习的抽取方法、基于半监督学习的抽取方法、基于无监督学习的抽取方法。

（1）有监督实体学习的抽取方法

有监督实体关系抽取方法使用已标注的数据训练模型。该方法将关系抽取任务转换为分类任务进行处理，通过学习训练数据中的有效特征，预测实体间的关系。将 BiLSTM（Bi-directional Long Short-Term Memory）模块与 Attention 机制相结合，应用到实体关系抽取任务之中，端到端的模型无须构建特征工程，实现了较高的关系分类精度[136]。除此之外，Bert 模型的提出也为实体关系抽取领域的研究带来了新的启示，将 Bert 应用于关系抽取任务之中，借助 Bert 的输出部分实现关系分类，在 SemEval-2010 Task 8 数据集上取得了较好的效果[137]。为了减小应用有监督方法过程中数据标注工作量较大的问题，远程监督实体关系抽取方法也得到了一定程度的发展，通过将数据与远程知识库对齐，实现数据的自动化标注。

（2）半监督实体关系抽取方法

半监督实体关系抽取方法的提出是为了减少人工标注数据的工作量，使用大量未标注的数据和少量已标注的数据即可训练模型。Brin 等人[138]提出 Bootstrapping 方法，首先为各个类别的关系选定多个种子实例，然后以迭代的方式从数据集中提取该类关系对应的模板和实例，基于未标记的数据提升预测性能。该方法的主要缺陷在于对每种类型的关系均需选取种子实例，且在循环过程中错误的叠加将影响输出精度。

（3）基于无监督的抽取方法

无监督产生的数据集将引入一定的噪声，不适用于对模型精度有较高要求的场景，例如政府机关信息公示平台、管理驾驶舱（Management Cockpit，MC）等关键业务数据指标分析系统。

4.3.2 特征识别技术

1. 指纹识别技术

指纹是最早应用于身份识别的生物特征,由于其具有终身不变性、唯一性和方便性,是目前应用最广泛、接受程度较高的生物特征识别认证技术。不同的纹型且有规律的排列,就是我们常说的指纹线。指纹细节特征点就是纹线的终点、起点、交叉点。终点或起点又称为端点,是指纹线两头末点;交叉点是指两条纹线相交汇集为一条纹线的交叉点。指纹识别认证技术通过分析和校对指纹的全局特征和指纹局部特征(例如,交叉点、端点和中心点),从而判断用户身份的真实性。

指纹特征识别认证技术的过程主要包括采集指纹图像、指纹图像预处理、指纹特征提取、指纹数据储存、指纹特征值的比对与匹配等[139]。指纹在经过传感器系统采集后,转化成数字信息并存储在设备中。经过细化后,需要提取细节点特征用于指纹匹配。指纹细节点主要包括交叉点、端点或中心点。

基于结构特征的指纹匹配和基于点模式的细节特征指纹匹配是最常用的指纹匹配方式。匹配算法可分为校正和匹配两个过程。校正过程主要是将发生平移、旋转、磨损等形变的指纹图像进行纠正,从而提高指纹图像匹配率;匹配过程则是通过预先设定的匹配分数来判断两枚指纹是否属于同一用户的同一枚手指。

指纹特征识别技术具有较高的识别率,采集简单,设备成本较低。目前,在市场上也得到了广泛的应用,例如内置指纹识别装置的笔记本计算机、平板电脑、手机等。指纹识别的准确度主要依赖指纹图像的采集质量,然而,由于采集指纹环境的恶劣、指纹表面的污垢、指纹磨损等因素造成采集出来的指纹图像的清晰度大大降低,从而导致提高错误拒绝率。除此之外,接触式的传感器会遗留用户的指纹图像信息,这样一来导致存在非法用户盗用的可能性,进而降低用户指纹的安全性。

2. 人脸识别

(1) 基于几何特征的人脸识别认证算法

基于几何特征的人脸识别认证算法主要是根据人脸部器官的位置特征进行识别,这些几何特征主要包括眼睛、鼻孔、嘴巴、下巴之间的距离、面积和角度等几何关系[140]。基于几何特征的人脸识别方法识别速度快,由于仅仅涉及人脸的全局特征,未考虑到人脸的局部信息,其识别的精确性受人脸面部表情、姿态、光照、角度等影响较为严重,因此该算法不满足人脸识别准确性的需求。

(2) 基于模板匹配的人脸识别方法

基于模板匹配的人脸识别方法是根据模板中人脸图像灰度与待识别人脸图像灰度之间的相关性判别的,两种比较常用的方法是基于隐马尔可夫模型(Hidden Markov Model,HMM)[141]的方法和基于弹性束匹配(Elastic Bunch Graph Matching,EBGM)[142]的方法。这种方法对人脸表情和姿态等的变化具有一定的鲁棒性,识别率较高,但是算法的实现较为复杂,且识别速度较慢。

(3) 基于机器学习的人脸识别方法

基于机器学习的人脸识别方法是用计算机模拟人的学习能力,将机器学习应用到人脸识别中,克服传统的人脸识别方法中需要认为定义模板和特征的缺陷。常用的基于机器学习的人脸识别方法有基于神经网络的方法[143]和基于支持向量机的方法[144]。在人脸识别过程中,容易受光照变化、人脸姿态、表情等因素影响,相比指纹、虹膜等生物特征,更容易受到干扰。然而人脸识别具有其特有的优势,它不需要待识别主体主动配合,实用性好。

4.4 数据分析挖掘技术

4.4.1 频繁模式挖掘技术

频繁模式挖掘是数据挖掘领域最重要的一项技术。频繁模式挖掘搜索给定数据集中反复出现的联系。在传统数据集中，频繁模式挖掘技术已经得到了充分的研究，经典算法包括 Apriori 算法、FP-Growth 算法、垂直数据格式数据挖掘算法、闭频繁项集挖掘算法以及这些算法的改进算法和变种算法。

对于政府宏观决策中涉及的高度复杂的大数据，传统的频繁模式和关联规则挖掘技术将遇到很多问题：首先，大数据产生的候选集数量巨大，其增长速度将是指数级的；其次，为了计算得到所有的频繁项集，算法必须反复迭代搜索数据库，导致高额的 I/O 开销。

考虑到这些问题，并行化的数据挖掘技术是最佳选择。现有的并行算法包括 CD（Count Distribution）、CAD（Candidate Distribution）和 DD（Data Distribution）。Map-reduce 框架在解决这些问题时具有很好的效果。首先，Map-reduce 框架能够自动解决失效，将程序开发者从复杂的编程中解法处理并提高系统的容错能力。其次，Map-reduce 提供了简化的应用模型，在分布式的环境里提高 Apriori 算法性能，将一个庞大的问题自动切割成小问题，在不同的节点并行执行。

4.4.2 聚类分析技术

将物理或抽象的对象的集合分成相似的对象类的过程称为聚类。聚类是一种重要的人类活动，也是目前应用最为广泛的数据挖掘技术，同时也是一个富有挑战的研究领域。传统的聚类技术主要有基于划分的 K 均值算法和 K 中心点算法；基于层次的算法，包括利用层次方法的平衡迭代规约的 BIRCH（Balanced lterative Reducing and Clustering using Hierarchies）算法、分类属性的层次聚类 ROCK（Robust Clustering using links）算法和利用动态建模的 Chameleon 算法；基于密度的算法，包括基于高密度联通区域的 DBSCAN 算法、通过点排序识别聚类结构的 OPTICS（Ordering Points to idtify the clustering structure）算法和基于密度分布函数的 DENCLUE（DENsity based ClustEring）算法；基于网格的算法，包括统计信息网格 STING（Statistical Information OPTICS Grid）算法、利用小波变换的 Wave-Cluster 算法；基于模型的算法，包括期望最大化方法、概念聚类和神经网络方法；高维聚类算法，包括维增长子空间聚类 CLIQUE 算法和维规约子空间聚类 PROCLUS 算法。

对于政府宏观决策的相关大数据集，传统的聚类算法有很多不足之处。其中最突出的问题就是处理速度过慢，现有的聚类分析技术应用于 TB 或者 PB 数量级的大数据集是不实际的，因为目前最大的单个磁盘容量为 1~2 TB，而仅仅读取 1 TB 的数据就需要超过 3 小时。目前主流的聚类技术研究方向是并行式的聚类技术。

4.5 数据可视化技术

可视化的基本含义是将科学计算中产生的大量非直观的、抽象的或者不可见的数据，借助计算机图形学和图像处理等技术，以图形图像信息的形式，直观、形象地表达出来，并进行交互处理。数据可视化指的是，通过商业智能 BI 以图形化手段为基础，将复杂、抽象和难以理解的数据用图表进行表达，清晰有效地传达信息。数据可视化是商业智能 BI 数据分析的延伸，分析人员借助统计分析方法，将数据转化为信息，然后进行可视化展现。简单地来说就是利用统计图表、地图等各种直观形象的方式将原来晦涩难懂的数字展示出来，使用户快速发现数据所展现的规律、趋势的技术[145]。

4.5.1 多维信息可视化

多维信息数据中的信息数据具有三个以上的维度属性。在现实生活中，多维信息数据随处可见，如金融数据、统计数据、气象数据、医疗数据等。因此针对多维信息数据的多维信息可视化已经成为一个研究热点。而多维信息可视化的核心是解决多维信息数据的转换问题，将多维数据映射到可视化结构中，转换为更加容易采用可视化视图展示的二维或三维空间中。常见的多维信息可视化技术有平行坐标技术（Parallel Coordinates）、雷达图技术（Radar Chart）、散点图矩阵技术（Scatterplot Materices）等。

4.5.2 层次信息可视化

层次数据是一种常见的数据类型，用来描述具有等级或层级关系的数据对象，而抽象信息之间最普遍的一种关系就是层次关系。层次信息可以用来描述一系列具有层次结构关系的数据信息，例如家族的族谱，机构的上下级关系等。因此层次信息可视化是信息可视化范畴内的一个重要研究方向。典型的层次信息可视化的方式有两种：节点连接图（Link Point Graph）和树图（Tree Map）。

4.5.3 文本信息可视化

在现实生活中，文本信息随处可见，人们每天会接收大量的、复杂的文本信息，在这种情况下，涌现了众多处理、挖掘文本信息的方法帮助人们获取信息的知识，而文本信息可视化技术可以将分析处理后的文本信息通过可视化的方法以简洁、直观、有交互性的图形呈现给用户。因此文本信息可视化是信息可视化领域的一个重要分支。

文本信息可视化的核心思想是针对大规模的文本信息，最大限度地实现信息归纳和信息提取，将文本信息中隐藏的知识呈现给用户。因此文本信息可视化不仅是将文字转换成几个简单的图形、图表，更大的作用在于发现文本信息在的主题和隐含的特征、关系等。

4.5.4 统计数据可视化

统计数据可视化是通过对统计数据的整理、分析，并根据数据的分布状态、数字特征和随机变量之间的关系进行评估和描述。将抽象的统计数字，以常用的直方图、饼图、折线图表等方式展示出来，通过直观形象的统计图描述数据特征，反映数据的基本规律。一般来说，直方图表示一段时间内的数据变化或显示各项之间的比较情况，使用颜色进行类型区分，通过 XY 轴的二维空间体现描述，主要用于比较各组数据之间的差别或数据变化情况。折线图表示随时间（根据常用比例设置）而变化的连续数据，因此非常适用于显示在相等时间间隔下数据发展的趋势，主要用于趋势分析。饼图表示每一数值相对于总数值的大小，比例关系等，主要用于各部分占整体的多少说明。散点图表示因变量随自变量而变化的大致趋势，据此可以选择合适的函数对数据点进行拟合，用散落的点去表达信息，主要用于查找变量之间的相关性。雷达图集中画在一个圆形的图表上，来表现一个整体中的各项个体比率的情况，主要用于各项指标的整体情况分析。

4.5.5 地理信息可视化

地理信息可视化从表现内容上来分，有地图（图形）、多媒体、虚拟现实等；从空间维数上来分有二维可视化、三维可视化、多维动态可视化等。地理信息的可视化，不仅是为了酷炫好看，还是为了将各种数据资源的空间分布规律以更加简洁直观的方式表达出来，同时挖掘更深层次的信息。地理信息可视化充分利用了地理信息技术提供的空间数据可视化的能力，将行业信息通过整合处理，按一定的比例运用符号、颜色、文字注记等描绘，显示地球表面的自然地理、行政区域、社会经济状况的图形，完成地图的方式可视化表达，以解决大数据中的空间位置表达问题，利用地理信息技术的空间分析能力，为地理大数据涉及的大量的空间分析提供了处理能力，在空间维度上实现地理空间大数据的分析。

4.6 智能服务技术

4.6.1 行为分析技术

1. 基于点击流的用户行为分析技术

点击流分析法是 Web 访问信息挖掘的方法之一，利用数据挖掘等技术对点击流数据进行分析来达到不同的目的。它通过分析采集到的用户在站点上的运动情况，跟踪记录访问过的链接点，包括用户的来源地点，浏览站点的路线和最终到达的目标，链接分析包括对点击过的链接的观察，它们在屏幕上的相关位置，用户在网页上停留的时间以及点击过的链接间的关系和最终结果通过对这些数据的有效分析，能够对网站的建设起到指导作用。点击流分析已经成为网站运营状况，了解用户行为的有效工具。点击流技术包括聚类挖掘、KNN（K-NearestNeighbor）分类方法、自组织图等。

2. 基于机器学习的文本分类研究

文本分类任务长期以来是自然语言处理（Natural Processing Language，NLP）中的一个研究热点，在许多领域有着广泛的应用。对于用户在线行为分析来说，文本是最主要的一类数据格式。用户所浏览的内容大部分情况下以文本为主，其中蕴含着该用户的个人兴趣爱好。许多新闻门户和推荐系统均通过利用各种机器学习方法对用户浏览的文本内容进行提取特征，然后通过分类或聚类的方式来识别用户的兴趣偏好（如财经、体育或科技），并进行相应的内容推荐。文本分类方法主要分为两大类，分别是：基于传统机器学习的方法和基于深度学习的方法。早期的研究主要以各种传统的机器学习方法为主，如支持向量机 SVM、决策树、逻辑回归、随机森林、朴素贝叶斯等，其主要流程是对文本进行预处理、特征提取，然后将处理后的文本向量化，最后通过经典的机器学习分类算法来对训练数据集进行建模。在传统的文本分类方法中，文本的特征表示及特征提取文本分类的精度有很大的影响。近年来，许多学者提出各种基于深层神经网络模型的文本分类方法，例如卷积神经网络（Convolutional Neural Network，CNN）模型[146]、循环神经网络（Recurrent Neural Network，RNN）模型[147]、注意力模型[148]和对抗训练方法模型[149]等，并取得一系列优良的效果。这些工作主要是利用各种基于大规模无监督文本语料训练所得的词向量给出句子的特征表示，然后针对具体的分类任务设计相应的神经网络模型并进行优化。

4.6.2 智能推荐技术

1. 基于规则的推荐算法

基于规则的推荐算法中的规则,既可以是用户定义的规则,也可以是数据挖掘中的关联规则。目前的应用大多以关联规则为主,现代电子政务的推荐系统中广泛地应用了在数据挖掘领域中十分重要的关联规则技术。

基于规则的推荐算法由已有规则查找用户可能感兴趣的项目,并按照一定方式对这些项目进行排序,根据排序完成最终的推荐[150]。其大体的流程如下:首先由已经被用户标注过的偏好项目,按照特定的规则推测出当前用户可能的还未被标注的偏好项目,然后根据不同的偏好重要性进行排序,最后生成推荐列表给用户。在整个算法中,最为重要的部分,就是关联规则的确定。基于规则的推荐技术的优点是:可以应用在所有领域,具有通用性;而且可以推荐出新的用户感兴趣的资源。利用规则来推荐信息依赖规则的质量和数量。

2. 基于内容的推荐算法

基于内容的推荐算法即是依据用户已经选择过的项目的特征来推测判断出用户的偏好,从而为用户更好地推荐其他项目。基于内容的推荐算法是随着机器学习、概率统计、自然语言处理等方向的技术越来越成熟由协同过滤算法发展而来,亦是对协同过滤算法的一种延续。基于内容的推荐算法能够较好地规避协同过滤算法中的冷启动等问题,但其建模、分析、实现等都更为复杂。

基于内容的推荐算法的大致流程为首先采集用户的偏好信息,提取出项目的特征,然后依据特征建立用户模板,生成待推荐项目的文本向量,通过余弦相似度等常用方法计算待推荐项目与用户偏好项目模板的相似度，按照相似度由高到低的次序生成列表推荐给用户。计算相关度与更新用户模板是基于内容的推荐算法中的关键所在。在计算相关度时，研究人员可以引入包括人工神经网络、支持向量机等在内的技术，并且已经取得了很好的效果。一般的基于内容的推荐算法主要分为两大部分，一是如何计算出待推荐项目与用户偏好项目模板的相似度；二是利用求得的相似度来预测待选项目的评分。用户的偏好信息，既可以由上文提到的方式提取特征获取，也可以通过注册时用户填写或发邮件等调查方式显示的获取。

基于内容推荐的方法有很多优点：它不需要其他用户的数据，没有冷启动问题和稀疏问题；能为具有特殊兴趣爱好的用户进行推荐；能推荐新的或不是很流行的项目，没有新项目问题；通过列出推荐项目的内容特征，可以解释为什么推荐那些项目。

4.6.3 主动推送技术

1. 聚类分析方法

聚类分析方法作为一种有效的数据分析方法被广泛地应用于数据挖掘、商业分析、产品推荐、机器学习等领域。聚类分析方法的本质是计算机系统能够依据某种指定的分类标准自动将分析对象分为不同的组，并且使得每个小组中的分析对象之间有相类似的属性或有某种相似的关系。目前聚类分析方法主要有层次化聚类方法、基于网格的聚类方法、划分式聚类方法、模糊聚类方法、层次聚类方法、基于神经网络的聚类方法等。选择不同的聚类方法就会有不同的计算方法，如基于网格的聚类方法通常采用 STING 算法[151]，划分式聚类方法通常采用 k-means 算法[152]，模糊聚类方法应用最广泛的算法为 FCM（Fuzzy C-mears）算法[153]，基于神经网络的聚类方法代表性的算法为 SOM 算法[154]，常用的层次聚类算法为 CURE[155]。通常，聚类分析方法一般包含四个步骤：对象特征的获取与识别、计算特征的相似度、根据相似度值进行分组以及聚类结果显示。

2. 协同过滤推送方法

协同过滤推送方法（Collaborative Filtering，CF）[156]的基本思想是根据具有类似特征的用户的行为记录来对当前要推送服务的用户进行推送或预测，根据当前要推送服务的用户对其他服务的评分以及其他用户对服务过去的评价记录来预测当前要推送服务的用户对某一未购买服务的评分。经典协同过滤推送算法的推送过程按照计算的先后顺序一般划分为三个阶段，分别为用户—服务模型表示、寻找最近邻用户和推送服务产生并推送给某对象。

3. 混合推送方法

为了解决基于用户的协同过滤方法和基于服务的协同过滤方法存在的不足，学术界又提出了混合推送方法，混合推送方法是将两种或两种以上的推送方法结合进行服务的推送，将多种推送方法结合有效地克服了单一推送方法的缺点，从而在一定程度上提高了服务推送的准确度。

目前已有的混合推送方法有基于用户—服务的协同过滤推送方法、基于内容的协同过滤推送方法、聚类—协同过滤推送方法等，根据混合推送方法中单一方法之间的组合关系可以将混合推送方法分为直接组合服务推送方法、特征组合服务推送方法、加权组合服务推送方法、多层次组合服务推送方法、阶梯组合服务推送方法[157]。

第5章 面向政府宏观决策智能化服务技术架构及工具

经过多年的研究与实践，作者团队形成了稳定的面向政府宏观决策智能化服务平台，并根据项目经验研发了相对应的软件工具产品，形成了一整套面向政府宏观决策智能化服务技术体系。整个平台采用了面向服务的分层技术架构，各功能层之间、各软件工具产品之间采用了松耦合的方式集成，有利于整个平台的扩展性。

5.1 面向政府宏观决策智能化服务平台技术架构

面向政府宏观决策智能化服务技术架构由两大部分组成：外围是支撑平台体系，中间是平台的技术架构。外围支撑体系包括标准规范体系、安全管理体系等，是平台的基础支撑环境，能够确保平台在统一的标准规范、安全管理的前提下进行建设；在两大体系基础上，按照面向服务的体系架构（SOA）(Service Oriented Architecture) 设计思想，采用多层的分布式体系结构来构建的一个可持续改善的、可按需配置的、灵活应用的面向政府宏观决策智能化服务平台。

如图 5-1 所示，平台架构主要由数据资源层、数据采集层、数据整合管理层、应用支撑层、应用服务层及标准规范和安全管理体系组成。

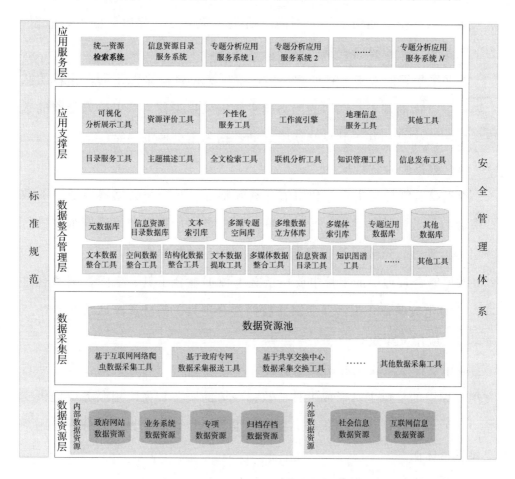

图 5-1　平台架构图

（1）数据资源层

如前文所述，面向政府宏观决策智能化服务的数据资源来源上划分为政府内部数据资源和政府外部的数据资源。政府内部的数据资源根据属性划分分为网站数据资源、业务系统数据资源、专项数据资源、归档存档数据资源。政府外部的数据资源主要是社会信息数据资源和互联网信息数据资源。

(2) 数据采集层

数据采集层主要是通过各种数据采集工具将数据资源层的数据资源汇聚采集到数据资源池中，作为面向政府宏观决策智能化服务的原始数据，为下一步数据资源整合提供必要的数据支撑。

数据采集层的采集工具种类很多，根据数据资源来源不同，作者团队主要研发了面向基于互联网的网络爬虫数据采集工具、基于政府专网的数据采集报送工具和基于共享交换中心的数据采集交换工具等。

(3) 数据整合管理层

数据整合管理层主要是利用信息资源整合工具，将数据资源池中的数据资源根据数据结构类型、数据关联主题、数据所属领域等不同维度进行分层分类管理，形成可为应用支撑层使用的各种数据库。

数据整合管理层的工具主要包括文本数据整合工具、空间数据整合工具、结构化数据整合工具、多媒体数据整合工具、信息资源目录工具等。

(4) 应用支撑层

应用支撑层主要是利用数据整合管理层形成的不同种类数据库，通过应用支撑层的支撑工具形成工具、数据一体的服务，为应用服务层提供支撑。例如通过可视化分析展示工具与多维数据立方体库为专题分析应用系统提供整体服务。

应用支撑层工具主要包括，可视化分析展示工具、资源评价工具、个性化服务工具、工作流引擎、地理信息服务工具、目录服务工具、主题描述工具、全文检索工具、联机分析工具、知识管理工具、信息发布工具等。

(5) 应用服务层

应用服务层主要是面向政府部门应用的各种应用系统，主要包括统一资源检索系统、信息资源目录服务系统和根据政府部门业务需要建设的各种专题分析应用服务系统。

5.2 数据采集层工具

数据采集层的主要任务是完成将数据资源层的数据采集到数据资源池中,根据数据来源不同,需要使用的工具也不同。常用的分为三类工具,基于互联网的网络爬虫工具,这类工具的使用范围主要是政府外部的互联网数据和政府内部的网站数据,利用网络爬虫工具将数据采集到数据资源池中;基于政府专网的数据采集报送工具,这类工具的使用范围是政府部门通过政府专网将本部门的业务数据通过工具报送到数据资源池中;基于共享交换中心的数据采集工具是利用已经建设成功的共享交换平台的成果,将需要的数据通过共享交换平台交换到数据资源池中。

5.2.1 基于互联网的网络爬虫工具

1. 工具概述

网络爬虫工具(又称为网页蜘蛛,网络机器人),是一种按照一定的规则,自动地抓取互联网信息的程序或者脚本。其本质是一个自动提取网页的程序,它通过搜索引擎从互联网上下载网页,获取相应的数据资源。前文所述无论是政府内部信息资源中的政府网站还是政府外部信息资源的互联网信息资源,都需要使用网络爬虫工具按照一定规则将所需的信息资源汇聚到数据资源池中。

2. 功能模块

网络爬虫工具的主要功能包括任务管理、资源管理、内容下载、数据抽取、数据回收等功能,如图5-2所示。

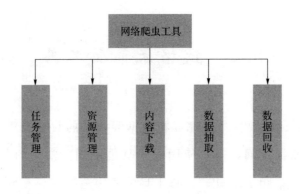

图 5-2 网络爬虫工具功能图

(1) 任务管理

采集任务是指对同一站点同种页面数据采集类型的归类,涉及采集的站点、采集种子信息、采集逻辑等相关信息。任务管理主要包括这些信息的管理和采集状态的管理,任务信息管理也称为任务编辑,就是将任务相关的信息构建成符合规范而且可由系统执行采集的基本单位。采集状态管理包括采集任务分发,任务执行状态回收,异常执行任务的识别及重试等。

(2) 资源管理

资源管理是只对爬虫工具运行的硬件资源和软件资源的管理;硬件资源的管理包括服务器状态维护、采集终端状态管理、网络线路管理等。软件资源的管理包括 IP 资源的管理、代理 IP 的管理、网站登录账号的管理等。这些硬件资源是用于执行采集系统,保障系统的正常运行;而软件资源主要辅助采集系统更好地执行采集任务。

(3) 内容下载

内容下载主要涉及请求提交方式,需要提交的内容,各个站点根据需要增加信息的信息。内容下载的实现方式,我们是通过 Socket 等基础网络编程实现的,这样方便对一些特殊需求的网页完成定制化配置。

(4) 数据抽取

数据抽取在网络爬虫工具的研究中一直是一个难点——如何在更少的人为干预下处理新资源以及适应网站的改版等变化，提升系统的自适应能力。我们研发的网络爬虫工具数据抽取是通过下载内容的基本标准结构为基础来处理，比如 HTML、XML、PDF、Excel 等，根据需求到指定的位置获取指定的内容信息，使用了比如正则表达式、Xpath、E4X 等技术。

(5) 数据回收

数据回收指收集采集的内容并进行存储，采集的内容可以是抽取后的信息，也可以下载的原始网页、文档等。

5.2.2 基于政府专网的数据采集报送工具

1. 工具概述

政府部门中现有大量的业务系统，这些业务系统中含有丰富的信息资源可以为政府宏观决策智能化服务提供支撑，因为某些原因部分业务系统数据并没有在已建成的各级政府共享交换平台上进行共享，为了充分利用这部分数据资源，我们开发了基于政府专网的数据采集报送工具，通过这个工具可以将政府各部门的数据快速上报的数据资源池，供政府宏观决策使用。

2. 功能模块

数据采集报送工具的主要功能包括数据报送、报送模板下载、批量数据报送、数据浏览等功能，如图 5-3 所示。

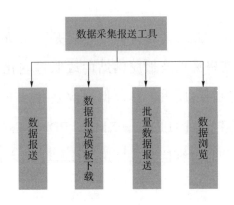

图 5-3　数据采集报送工具功能图

(1) 数据报送

数据报送,指需要报送的数据记录不多,通过系统的界面将数据按指标项一一完成录入填报,并上传到系统中。

(2) 数据报送模板下载

数据报送模板下载,指如果需要报送数据的记录多,可以通过批量数据报送一次性完成多条记录的数据报送,报送模板下载就是根据数据资源池中对数据指标的组织方式,提供数据报送的模板,用户可以根据模板的要求组织数据。

(3) 批量数据报送

批量数据报送,下载了数据报送模板后,根据模板要求组织填写数据,完成后将数据一次性批量上传至数据资源池中。

(4) 数据浏览

数据浏览,主要是完成对上报数据的核验功能,用户可以通过数据浏览功能,查看数据报送是否成功,报送的数据是否存在问题。

5.2.3 基于共享交换中心的数据采集交换工具

1. 工具概述

十三五期间我国陆续建设了国家数据共享交换平台、省级数据共享交换平台，中央各部委、省各委办厅局按文件指导要求，将本部门的业务数据接入到平台中。对于已经接入的政府业务数据，我们开发了基于共享交换中心的数据采集交换工具，完成从共享交换平台数据到数据资源池的数据交换。

2. 功能模块

数据采集交换工具的主要功能包括数据抽取功能、抽取规则编辑、抽取规则管理、交换任务管理等功能，如图 5-4 所示。

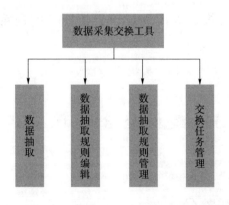

图 5-4 数据采集报送工具功能图

（1）数据抽取

数据抽取功能是依靠共享交换平台的数据抽取规则，完成共享交换平台的数据浏览、选择、交换等一系列工作，最终将数据资源交换到数据资源池中。

（2）数据抽取规则编辑

数据抽取规则编辑，根据数据共享交换平台的数据抽取规则的要求，完成数据抽取规则的编辑修改功能。众所周知，国家数据共享交换平台和各省级数据共享交换平台并不是由同一家开发单位统一建设完成，因此抽取各数据共享交换平台的抽取规则随遵循一定的原则，但是具体使用方法也不尽相同，数据抽取规则的编辑就是建立一套对应规则，尽可能满足各数据共享交换平台的要求。

（3）数据抽取规则管理

数据抽取规则管理，是对抽取规则的增、删、改、查等工作，通过数据抽取规则管理，建立并保存好需要使用的各个数据共享交换平台的抽取规则，方便再次使用。

（4）交换任务管理

交换任务管理，是通过建立交换任务，完成一次数据交换操作。用户可以根据工具提供交换任务模板进行交换任务的制定，包括数据更新时间、数据更新频度等。

5.3 数据整合管理层工具

5.3.1 文本数据整合工具

1. 工具概述

文本数据整合工具实现的目的是便于实现高效的跨库全文检索，以及为知识服务提供数据支持。文本数据整合是将数据整合到非关系型数据库中，并最终形成全文检索分词库。对于纯文本文件的数据，通过编写数据抓取及解析程序，将文本文件数据进行入库，数据入库程序要能够进行增量数据入库功能。对于 XML 格式、关系型数据库格式、全文数据库采用 Gateway 进行数据的增量转换入库。

通过以上两种方式形成全文检索数据库，为便于对数据的分类，不同来源的文本型数据转到不同的文本型数据库中。最终通过视图的方式来联合所有的数据库。

2. 功能模块

文本数据处理模块包括文本解密模块、文本转码模块、分词索引模块、索引维护模块。其中文本解密模块与文本转码模块与信息资源的特征相关，而分词索引与索引维护模块则是较为通用的模块。文本数据整合工具功能图如图 5-5 所示。

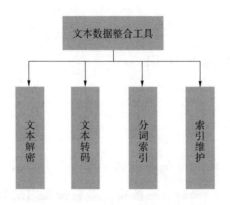

图 5-5　文本数据整合工具功能图

（1）文本解密模块

需要整合的某些信息资源中的信息条目是经过加密的，因此需要进行文本解密，以实现文本数据的进一步处理。加密的一般方法有弱加密和强加密，其中弱加密包括 ROT13、Base64、Carser 法等，强加密则有 DES、RSA 等加密体系。

(2) 文本转码模块

文本的编码方法很多,特别是国际化环境中不同的语言有不同的编码方式,同一种也可能有多种不同的编码。因此文本需要进行转码,统一到 Unicode 上来才能进行下一步的处理,文本转码模块的功能类似于 Libiconv,但其可以通过统计方法来猜测没有编码信息的文本可能的编码方案。

(3) 分词索引模块

分词索引是文本数据处理中的最基础和最重要的功能。分词索引是进行全文搜索必需的处理过程,分词索引模块将文本分割成词汇表中的条目,从而产生倒排表来为以后的关键词检索服务。

(4) 索引维护模块

索引维护包括分词表更新、索引复制、索引更新与删除等操作,索引维护是文本处理的重要模块。

5.3.2 空间数据整合工具

1. 工具概述

空间数据整合工具负责在大数据框架下处理、创建多源专题空间库,包括处理矢量、影像、栅格、三维模型等数据在内的各类型空间数据,进而为平台构建快速专题、制图输出、叠置分析等应用提供相应空间数据基础。

空间数据整合工具主要实现矢量地理数据的格式转换、数据入库、编辑、符号化处理、投影转换、数据精简压缩、地名提取与维护;实体数据的入库管理与维护;栅格/DEM/影像数据的入库、裁切、建立金字塔、生成瓦片数据、晕渲图制作、配色处理;地理信息可视化服务、专题数据分析、统计制图等功能。

2. 功能模块

空间数据整合工具主要包括对矢量地理数据、地理实体数据、栅格/DEM/影像数据等各类型空间数据的处理以及地理信息可视化、专题图层分析、统计制图等功能，如图 5-6 所示。

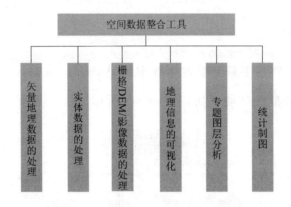

图 5-6　空间数据整合工具功能图

（1）对矢量地理数据的处理主要实现矢量地理数据的入库、编辑、符号化处理、投影转换、数据精简压缩、地名提取与维护。

（2）实体数据的处理主要实现数据的入库和维护。

（3）对栅格/DEM/影像数据的处理主要实现数据的入库、裁切、建立金字塔、生成瓦片数据、晕渲图制作、配色处理。

（4）空间数据整合工具采用 JavaScript 前端技术和 Java 语言开发，实现地理信息的可视化、专题图层分析和统计制图等功能。进而为平台构建快速专题、制图输出、叠置分析等应用提供相应空间数据基础。

5.3.3　结构化数据整合工具

1. 工具概述

结构化数据整合工具主要完成对统计数据、关系型数据库数据、其他带有结构化数据的文档数据进行整合，形成多维数据立方体为复合型专题提供数据支撑。对于本来就是关系型数据库的结构化数据，采用编写数据转换适配器程序来将不同数据库类型的各种格式，转成系统便于表达的关系型数据库。对于带有结构化的文档数据，编写数据获取解析适配程序来完成从文件中获取结构化的表格数据。

2. 功能模块

结构化数据整合工具主要包括数据浏览查询、数据报表、数据转换适配、数据解析适配等功能模块，如图 5-7 所示。

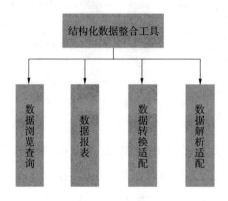

图 5-7　结构化数据整合工具功能图

（1）数据浏览查询功能

结构化数据整合工具最终形成的多维数据立方体，数据浏览查询功能就是在多维数据立方体模型基础上的查询功能，研究如何根据主题从不同的角（维）度、通过不同的度量值来观察、分析数据；研究维和粒度的变化与从不同角度、不同层次的监测数据的关系，并提供不同层次的数据细节。

（2）数据报表功能

数据报表的生成不依赖于数据分析、数据查询等功能，用户可以自由选择报表的行、列及数据区的内容，包括综合数据和细节数据，并能临时生成计算数据、保存、打印、生成相应图表等。

(3) 数据转换适配功能

数据转换适配功能是将统计数据、关系数据库数据等各种不同数据格式的数据表，转化成统一的便于表达的关系数据库格式。转换适配的内容还包括将不同关系数据库定义的类似的数据类型统一的过程。

(4) 数据解析适配功能

数据解析适配功能是指将带有结构化的文档数据进行分析解析，从中获取其中的结构化数据内容，并将获取的结构化数据按一定的标准存储到数据立方体库中。

5.3.4 多媒体数据整合工具

1. 工具概述

多媒体数据整合工具整合的目标是政府收集的图像、音频、视频等多媒体数据，为平台提供视频整合、索引与管理工具。工具可实现任意类型的结构化和非结构化数据管理、音视频介绍性文字以及相关索引的数据整合、创建多媒体全文检索库，从而为平台提供音视频点播的管理和应用工具。

工具支撑对多个视频站的创建与统一管理，实现面向多种不同终端（PC、iPad 平板等）的统一管理与发布；具有编目字段初始化、自定义页面模板的功能；能支持 AVI、MP4、FLV、RM/RMVB、WMV、MPG 等主流音视频格式；可实现任务上传功能，支持单文件、批量文件上传，支持 2 GB 以上超大文件上传，支持断点续传、断网重联、终止等个性化上传功能，支持多个文件以及文件夹智能匹配快速添加和批量文件扫描方式入库，并可添加扫描任务，定时进行扫描指定目录并入库；系统支持对目前主流的 MPEG-1/2 (mpg、dat、mp3)、MPEG-4 (avi、asf、wmv、flv)、Real (rm、rmvb) 等格式转换为 FLV、MP4 格式，支持 H.264、AAC 编码；支持在服务器端将 doc、xls、ppt、pdf、txt 等常见文档格式转换为flash格式；可通过角色授权设定各栏目的分级管理人员，分级管理人员负责其栏目节目内容的添加、删除、修改，同时支持包含若干子视频或相关文件、内容批量转移、复制至指定栏目和字幕文件匹配管理。

2. 功能模块

多媒体数据整合工具包括对结构化和非结构化多媒体数据的管理。结构化数据整合包括对编目字段的初始化、自定义页面模板、任务上传功能、定时扫描文件并上传功能，非结构化多媒体数据转换则包括主流媒体格式转换、媒体数据分级管理、文件的批量转换以及字幕文件的匹配管理，如图5-8所示。

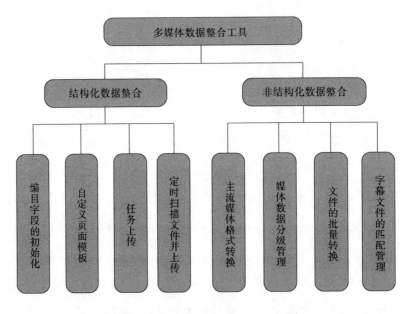

图5-8 多媒体数据整合工具功能图

（1）结构化数据整合

1）编目字段初始化。

编目字段初始化是按照一定的标准和规则，对某些范围内的字段外部特征进行分析、选择、描述，并予以成为规范的字段。

2) 自定义页面模板的功能。

自定义模板页面是通过可视化界面将一些零散媒体数据整理成为可直接展示的文件。

3) 任务上传功能。

4) 对扫描任务进行定时扫描入库功能。

定时扫描任务并进行数据功能,实现了多媒体数据的定时更新。保证数据库中的数据为最新数据。

(2) 非结构化数据整合

1) 主流多媒体格式转换功能。

多媒体格式转换功能是将不被支持播放或浏览的多媒体文件转换成可以支持播放或浏览的文件格式。

2) 分级管理人员对多媒体栏目节目的增删改等维护功能。

管理人员根据权限级别可以对多媒体栏目节目进行不同的增加、删除、修改等维护。

3) 视频或相关文件、内容批量转移、复制至指定栏目。

4) 字幕文件匹配管理功能。

字幕文件匹配管理功能是指将视频等文件筛选出与其相关的字幕文件并匹配。

5.3.5 信息资源目录工具

1. 工具概述

信息资源目录工具是按照统一的标准规范,将分散在各级政务部门、各领域、各地区的政务信息资源进行整合和组织,形成逻辑上集中,物理上可分散可统一的管理和服务的信息资源目录,为使用者提供统一的信息资源发现和定位服务,实现政务部门间信息资源共享交换和信息服务的政务信息资源管理体系。

2. 功能模块

资源目录管理工具包含 5 个模块，分别为目录操作模块、目录更新模块、目录导入导出模块、目录评级模块、目录可视化模块，如图 5-9 所示。

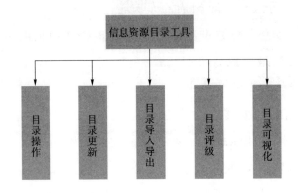

图 5-9　信息资源目录工具功能图

（1）目录操作模块

目录操作模块实现目录的各项操作功能，包括注册、绑定、发布、检索、发现、聚合等，对于目录条目及条目数据库进行管理维护。

（2）目录更新模块

目录更新模块实现目录的增加、修改、删除以及远程同步操作，实现对目录树结构的调整，通过三路融合算法实现目录的分布式更新；通过分级摘要与 Bloom Filter 算法实现目录更新项的探测；通过目录折叠与层次化采样实现海量目录深层次的滞后更新以提高效率；通过智能扫描与增量传输，实现高效率低带宽的目录更新。

（3）目录导入导出模块

目录导入导出模块为实现目录备份及在网络、硬盘等各类介质中的传递及保存，实现目录导入导出。目录导出可以形成二进制文件及文本格式，包括自定义格式、XML、DBF、OPML、SQLite 等。目录导入将提供目录导出结果的恢复功能。

(4) 目录评级模块

目录评级模块通过语义网络、服务日志与评价反馈，形成目录的评级，为目录的层次化管理结构建立基础。目录评级将为目录条目或目录项建立量化指标从而实现在不同的度量空间中的连接与包含关系，从而使得目录的化简与摘要等功能得以实现。

(5) 目录可视化模块

目录可视化模块将某一特定度量空间内形成的目录结构进行绘制以利用户观察目录的结构及目录项间的相互关系。海量目录信息的可视化将包含目录实时化简、层次化结构绘制、布局图算法等功能项。

5.4 应用支撑层工具

5.4.1 全文检索工具

1. 工具概述

全文检索对信息资源及文档信息进行检索，即根据用户的查询要求，从信息数据库中检索出相关信息资料。全文检索的中心环节是文件内容表达、信息查询的获得以及相关信息的匹配。一个好的全文信息检索系统不仅要求将输出信息进行相关性排列，还应该能够根据用户的意图、兴趣和特点自适应和智能化地调整匹配机制，获得用户满意的检索输出。全文检索的关键是文档的索引，即如何将源文档中所有基本元素的信息以适当的形式记录到索引库中。在中文文档中，基本元素可以是单个汉字，也可以是词或词组。根据索引库中索引的元素不同，可以将全文检索分为基于字表的全文检索和基于词表的全文检索两种类型。

2. 功能模块

全文检索工具可以分为三大模块，分别为数据搜索服务模块、数据搜索发布模块、个性化服务模块，如图 5-10 所示。

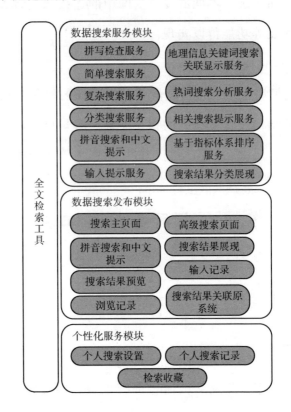

图 5-10　全文检索工具功能图

（1）数据搜索服务模块

数据搜索服务模块使搜索服务与具体的搜索产品隔离开来，为数据搜索发布提供基础服务，其主要包括如下模块。

1）拼写检查服务

用户在进行搜索时，经常会输入错误的词及字，通过 Web 2.0 的 Ajax 技术，当用户在检索框中输入的字或者词实时提交到后台进行检查，并反馈到客户端，提示用户是不是正确的检索词。

2) 简单搜索服务

通过用户输入的检索词,提交到服务器,进行基本的搜索服务功能,采用系统默认排序方式。

3) 复杂搜索服务

不仅提供了输入的检索词,还包括搜索时间,选择资源目录分类,并能够根据用户的要求进行相关排序,可以进行"与""或""非"等操作。

4) 分类搜索服务

在客户端页面,可以选择自己需要的信息资源栏目进行搜索,使用户能够快速精准地完成搜索。

5) 拼音搜索及中文提示服务

用户输入拼音时,系统通过 Web 2.0 技术将当前输入的拼音提交到后台,返回当前拼音的中文词及词汇,并提示给用户进行选择,便于用户快速访问。

6) 输入提示服务

在用户在输入框里输入查询词时,通过 Web 2.0 技术进行异步提交后台服务器,并推送出用户可能的输入,使用户方便进行快速地输入。

7) 地理关键词搜索关联显示服务

系统建立了地理信息词库及地理信息专题关键词库,用户输入的搜索词或者搜索词的分词与此库相关,系统将在搜索的列表中将地理信息相关专题或者地名地址的电子地图展现出来。

8) 热点搜索词分析服务

每次用户进行搜索的时候,将用户输入的搜索词存储起来,并进行排序,通过搜索排行榜及热点搜索词推荐相关分析服务,用户可以根据热词排序来快速搜索。

9) 相关搜索提示服务

根据用户搜索记录及正在进行的搜索词汇,提供与用户搜索相关词的提示服务。

10）基于指标体系排序服务

按照预先在指标体系中设计的排序规范及权重，当用户输入的搜索词，通过分词处理后，如果这些词在指标体系中，通过指标体系的规则进行排序，以便于用户最感兴趣的检索结果排列在前面。

11）搜索结果分类展现

根据不同信息来源及信息分类，将搜索的结果进行一定的分类。

（2）数据搜索发布模块

1）搜索主页面

系统设计开发出搜索的主界面，包括输入框，查询列表及相关的信息选择项。

2）拼音搜索和中文提示

在搜索框输入时，系统自动按拼音排序和对应的拼音提示中文进行搜索。

3）搜索结果预览

采用 Web 2.0 技术在鼠标移动事件时快速生成相应的缩率图，并显示在结果页面上，当鼠标离开时快速地消失。

4）浏览记录

用户查询结果的列表中，当选择了浏览具体的一条记录时，同时记录这条信息的来源，条目及栏目等信息，并且和用户机器的 IP 地址挂钩，作为后期系统评价的指标。

5）高级搜索页面

高级搜索页面，包括各种信息资源分类、多关键词、多条件、排序方式等内容，用户可以根据需要再搜索过程中增加限制条件达到提高搜索准确性的目标。

6）搜索结果展现

通过多种形式来展现搜索结果，例如列表、图表混合、电子地图、视频、天气预报等。

7) 输入记录

查询时，同时记录用户的输入查询信息，以日志的形式保存，通过对用户的检索习惯及相应的数据查询排序进行排序优化，使得重要的查询能够排在前面。

8) 搜索结果关联服务

对于搜索结果的展示，充分利用检索结果所在的业务系统完成，查询列表后，记录打开可以直接和原始系统网页进行关联，通过业务系统的用户界面打开相关的记录。

(3) 搜索个性化服务模块

1) 个人搜索设置

用户根据自己研究或者从事的领域，工作重点设置常用的搜索选项，基于用经验，将使用者计算机配置的地址与个人信息进行关联，当系统开发页面时，根据IP地址获取到个人设置的偏好及关注点，能够自动加载个人搜索设置的内容。

2) 个人搜索记录

不同于其他商业网站的个人搜索历史记录采用cookie存储的方式，本工具将个人搜索历史记录存储在数据库中，一方面可以帮助用户对自己搜索的记录进行保存，另一方面也为后期信息资源评价提供数据支撑。

3) 检索收藏

政府信息资源非常丰富，数据量大，栏目众多，因此用户很难记住曾经浏览过的网页及信息，通过在系统中增加检索收藏夹的功能，类似浏览器自带的收藏夹，让用户自己选择是否将自己感兴趣的结果收藏在收藏夹中，以便于后期进行再次阅读。

5.4.2 主题描述工具

1. 工具概述

主题描述工具通过一个完整的知识框架对已有的信息资源完成主题描

述目录构建的。目前作为构建主题描述工具的数据资源主要涵盖了互联网数据、政府已有的业务资源数据，根据这些数据进行知识分析和数据挖掘来构建主题描述目录树。

2. 功能模块

主题描述工具构建主题描述目录树，需要从数据源经过汇总、整理后，进行挖掘分析最终形成主题描述目录树。在形成主题目录树的过程中需要五个功能模块来支撑主题目录树的建设。该模块包括了主题与信息条目相似度研究模块、主题树动态展示模块、信息条目关联主题树模块、信息主题树构建模块、主题树管理模块等构成，主题描述工具功能图如图 5-11 所示。

（1）主题与条目相似度研究

主题与条目相似度研究主要由相似性查询算法、主题树节点的向量表示等功能组成，该功能是准确描述主题与条目构建是否科学、是否准确合理的重要算法依据。

相似性查询算法：信息时代信息的急速增长使得传统意义上的检索无法满足信息的全面性，这就要求将已有的信息组织起来，通过与用户之间的交互了解用户的信息需求，找出相关的信息。针对相关属性相似性查询算法进行研究，这是实现其查询准确性的一条算法原则也是实现主题与条目智能确立联系的一条参考原则。

主题树节点的向量表示：由专家和技术人员确定主题树节点的向量如何表示以及向量表示的原则。

（2）主题树动态展示

主题描述目录树是行业资源分类与分词有机结合，在主题描述目录树上可以进行目录树全部展开、分类展开、折叠等功能，还可以在某个主题节点下创建子节点、可以挂接主题分词、可以设置主题树节点状态、重命名目录和分词功能。

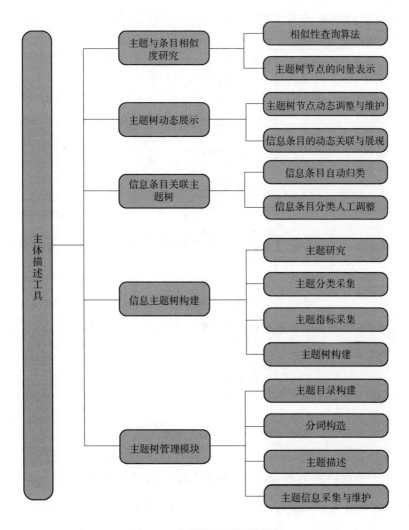

图 5-11 主题描述工具功能图

主题描述目录树展示包括了主题树节点动态调整与维护、信息条目动态关联与展示模块。主题树节点动态调整与维护：实现主题描述目录树目录节点展开子目录和条目、折叠子目录以及折叠分词、支持创建主题目录以及子目录、重新定义目录、移除目录等操作功能。信息条目动态关联与展示：展开目录的同时目录展开目录下条目信息，目录和条目建立挂接关系，实现目录与条目动态关联以及目录与条目挂接关系维护。

主题描述目录树的参考图如图 5-12 所示。

图 5-12　主题描述目录树

由图 5-12 看出整合后主题描述目录树，主题分类更加的一目了然。该目录树是由各行业领域的资深专家经过对汇总的数据进行知识挖掘和知识分析的基础上建设而成。主题描述目录树所展示的是目录和主题分词的挂接展示，看上去更加客观、更加科学地反映出真实的主题信息，为其他系统应用提供依据和帮助。

建设主题目录树首先从行业开始分类，经过对该行业深度细化，再层层分类划分系类，周而复始分析才使得主题目录更加科学合理。目录树的展示由大到小、由宏观到细微分类逐级展示。主题目录树原则上是无限扩展的，扩展也是需要知识的挖掘和分析。

(3) 条目关联主题树

条目关联主题树包括了设置信息条目内容、信息条目的维护、设置信息条目的关键词、设置信息条目优先级等功能。主题树挂接条目的方式分为信息条目自动归类以及人工调整条目信息与主题树关联与挂接。

信息条目自动归类：根据主题目录的分类以及信息条目相关属性信息的设置，实现条目自动归类功能。要实现条目自动归类，需要准确分析条目与目录的相似度及关系。

信息条目分类人工调整：人为地纠正自动归类出现的错误以及归类不准确的条目所做的操作。人为地调整条目所属关系，调整所属目录。

主题树挂接信息条目如图 5-13 所示。

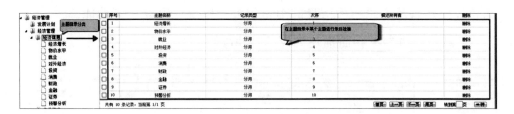

图 5-13　主题树挂接信息条目

由图 5-13 看出，在主题目录树中某个主题关联右侧的信息条目，同时在主题下一个层次挂接了主题分词条目。

在分词条目信息列表中可以变更挂接信息，也可以进行主题的检索，检索的信息包括了目录信息和该目录下主题分词信息。在该界面还可以创建子目录和创建分词。专家在梳理主题目录或梳理主题分词时，发现目录或分词划分得不合理或不完善的话，可以在该界面选中该目录或该分词进行删除操作。

(4) 信息主题树构建

构建信息主题树需要在各行业领域专家对行业的信息进行抽取、研究、分析、挖掘。并在研究分析基础上对主题进行分类管理形成主题目录信息主题树。构建的信息主题目录树也是某行业领域知识分布的指标主体系。具体包括了主题树管理、分类采集、指标采集、主题树构建模块。

主题树管理：行业领域特点，针对这些特点进行细化研究、分类。确定这个行业主题树中行业分类的特点进行管理。

主题分类采集：实现对主题分类的定义、编码、分类权重设置以及分类次序设置功能。

主题指标采集：在主题分类的进一步在该分类上深度研究确定指标信息的采集。实现指标体系构建、指标采集导入、导入后的指标信息进行编辑等功能。

主题树构建：结合主题分类和指标构建主题描述目录树，包括实现主题树的构建以及主题相关信息的编辑与维护以及检索设置等功能。

信息主题树参考界面描述如图 5-14 所示。

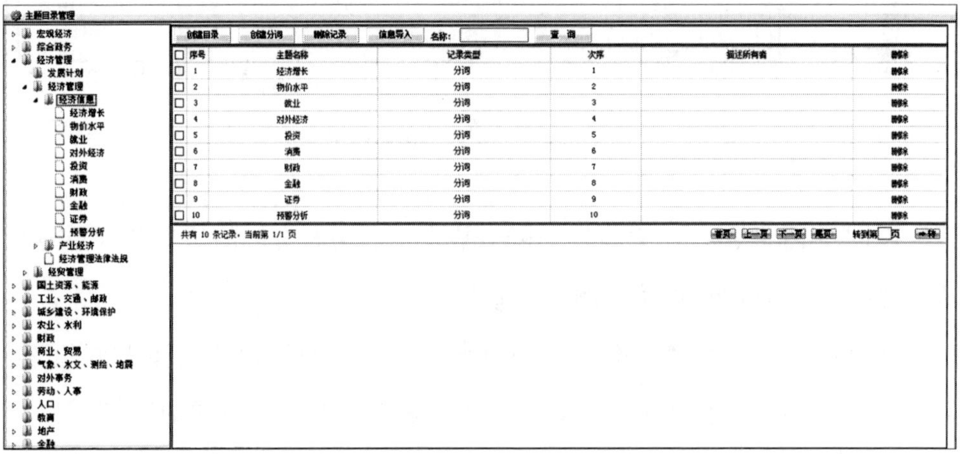

图 5-14 信息主题树参考界面

图 5-14 所示为信息主题树构建参考界面，该界面是完成信息主题树的构建包括知识架构目录的分类以及知识分词分类挂接。由图 5-14 可以看出该界面分成两大部分左侧是主题描述目录树，右侧是目录下子目录或创建的分词列表。

(5) 主题树管理

主题树管理模块包括目录创建、分词创建、信息导入、主题信息描述、主题信息排序、主题目录按树展开、主题归类、主题信息编辑修改、主题信息删除、主题信息的检索、主题目录树无限级扩展等子模块。主要功能在于基于构建好的主题树进行更新及扩展操作，如图 5-15 所示。

图 5-15　主题目录树管理操作界面

图 5-15 所示为功能区参考图，在功能区实现主题目录的创建、分词创建、批量删除数据、信息导入以及对主题进行检索等操作。而具体目录和分词信息以及主题描述信息的管理如图 5-16 所示。

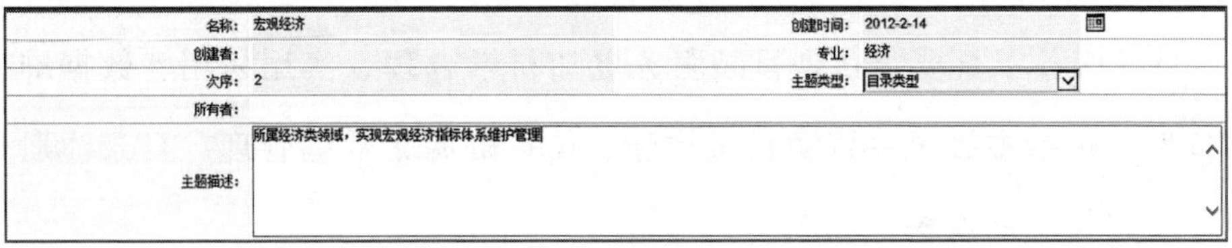

图 5-16　主题描述信息管理

在图 5-16 中实现主题信息的维护管理，主要包括主题名称的定义、主题描述以及与主题相关辅助信息的维护管理。

主题目录构建：创建主题描述的目录信息，主要包括目录的创建、编辑、检索、删除等功能。

分词构造：在主题目录挂接分词设置，包括了分词信息创建、编辑与维护、检索以及删除等功能。

主题描述：准确科学地描述主题信息，对主题信息进行编辑、维护、检索与删除等操作功能。

信息采集与维护：信息采集采用人工导入、人工编辑的方式实现信息的采集与维护。

5.4.3 目录服务工具

1. 工具概述

对各个单位部门资源系统进行梳理、分析、修正后形成比较科学的、完整的统一目录服务树,并统一目录服务进行注册与发布。目录服务工具建设目标是梳理资源数据、采集整理形成统一资源目录服务树;在形成统一资源目录服务后,展开其应用即进行目录服务注册、目录服务发布,对外提供服务接口供外部系统调用。

2. 功能模块

目录服务工具要求达到目录服务更加科学合理、实用易用、数据准确的特性。包括多级统一资源目录构建、信息资源元数据管理、目录注册在服务发布等功能模块,如图 5-17 所示。

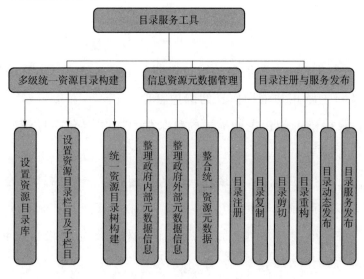

图 5-17 目录服务工具功能结构图

目录服务工具的功能包括多级统一资源目录构建、信息资源元数据管理、目录注册与服务发布等。

（1）多级统一资源目录构建

多级统一资源目录构建是根据各个单位部门资源目录树经过梳理，构造成统一资源的目录树，其中包括设置统一资源目录库、设置统一资源目录栏目以及子栏目信息以及构建统一资源目录树等。

设置资源目录库：根据各个单位部门资源目录树分类以及特点，设置统一资源目录库，这是从大方面进行管理与划分，实现目录库管理原则与体制。

设置资源目录栏目以及子栏目：设置统一资源目录栏目以及子栏目信息，针对目录栏目以及子栏目信息进行编辑与维护、检索设置等操作。

统一资源服务目录树构建：结合各单位部门资源目录树经过科学梳理整合成统一资源服务目录树，实现所有资源统一管理、统一展示。实现各个资源目录树整合挂接、设置等功能。

（2）信息资源元数据管理

信息资源元数据管理包括：整合资源的元数据信息，并进行有效统一的管理，还包括了元数据信息的整理、分类、采集、信息导入。最后结合以上资源的元数据信息进行统一数据管理，包括元数据信息的设置、发布、更新等工作。

整理政府内部元数据信息：整理政府内部资源元数据信息，实现对其信息整理、分类、采集、信息导入功能以及属性信息编辑与维护功能。

整理政府外部资源元数据信息：整理政府外部资源元数据信息，实现对其信息的整理、分类、采集、信息导入功能以及属性信息的编辑与维护功能。

整合成统一资源元数据：根据政府内部资源元数据信息以及政府外部资源元数据信息进行统一管理与设置，实现元数据发布、实时更新、编辑维护等功能。

（3）目录注册与服务发布

包括目录注册、目录复制、目录剪切、目录重构、目录动态发布、目录服务发布。

目录注册：包括了目录相关信息注册、注册信息的编辑维护、信息检索等以及注册后状态设置等功能。

目录复制：注册后的目录可以根据实际需要，可以复制某个目录到其他目录下。

目录剪切：实现目录剪切后，粘贴到其他目录下。

目录重构：经过目录复制和粘贴到其他目录下，把粘贴到的目录重新构建成新的目录。

目录动态发布：包括根据目录注册的形式或状态自动发布成目录服务。

目录服务发布：主要是目录服务自动更新、人工更新以及目录对外提供检索与更新接口。

目录服务工具建设的工作还包括统一资源目录的梳理工作，整合所有资源系统的栏目进行统一管理，设置其库、栏目、类型的相关信息。即对所有资源能涉及的系统、主栏目、二级栏目、三级栏目等多个子栏目，提供录入查询、编辑、添加、删除、保存等一系列功能操作。最后形成一张网罗所有资源系统信息的一张大表，从而针对所有资源系统做到了有机的整合，可以直观、快速地了解各个资源系统内容架构情况。

5.4.4 知识管理工具

1. 工具概述

知识管理工具主要通过结合专家及专题知识对政府数据资源的有效整

合与动态关联，并充分挖掘和利用资源之间的语义关系，最大限度优化资源搜索粒度和深度，在支持原数据的存储、访问、搜索等功能的基础上，能够实现关联知识的自动推荐、延伸阅读与动态展示等强化功能。同时知识管理工具的标准化服务接口，为资源整合、综合管理及智能搜索提供技术支撑。

2. 功能模块

知识管理组件主要包括：主题提取、信息自动分类、知识关联展示、数据资源管理等四大功能模块组成。主题提取又可以细分为：专题主题关键词库构建、主题关键词提取、主题词的反馈与学习、近期热点词提取；信息自动分类则可细分为：知识谱系构建、文档自动归类、分类结果的自学习；知识关联展示可细分为：知识地图展示、智能推荐、检索结果分类显示；数据资源管理可细分为：专题主题关键词词库管理、热点词词典管理、知识谱系管理。

知识管理工具功能图如图 5-18 所示。

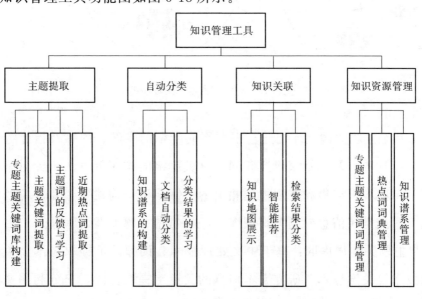

图 5-18 知识管理工具功能图

(1) 主题提取模块

主题提取模块为数据整合工具、全文检索工具提供相应的主题知识支持。主题提取模块主要包括：专题主题关键词库的构建、主题关键词的提取、主题词的反馈与学习、热点词的提取等功能模块。主题提取模块集示意图如图 5-19 所示。

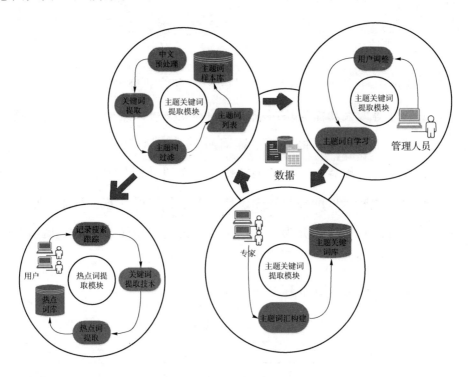

图 5-19　主题提取模块集示意图

①专题主题关键词库构建：根据不同专题的主题、内容及指标等特征属性，通过各个领域专家或互联网搜索关键字的排序等方法，针对常用的主题信息内容，搜集和整理主题相关的关键词汇，构建各个专题主题的关键词库，如空间信息专题关键词库、经济信息专题关键词库等。

②主题关键词提取：基于中文处理技术、词频词汇提取技术、关键词提取技术等关键技术，研究文本信息的关键字提取算法，充分利用文本分析、语义相似度计算等方法，实现对各专题文本进行摘要及关键字提取，

同时将该文档归类到相应的主题类别下，并结合主题关键词库中主题关键词的特征，过滤和提炼该主题相关的重要关键词。

③主题词的反馈和学习：根据主题关键词提取模块的结果，并针对用户对结果的满意程度及充分利用用户自身检索的主题关键词，自动形成主题词的样本示例库，通过主题关键词样本库的测试，设计相应的主题词库更新算法，对主题词库中各主题词条目进行重新增加或修改，从而实现及时修正和补充各专题主题的特征关键词，完善专题主题的关键词库，提高主题关键词提取的准确率。

④近期热点词提取：通过记录登录用户的搜索痕迹，阶段性地统计近期发布的新闻、报道等热点事件及用户检索的热点词汇与资料等信息，返回某段时间内系统的热点词汇，形成该时间段内的系统热点词汇集合，构建相应的热点词汇库。

（2）自动分类模块

自动分类模块为数据整合工具、全文检索工具提供相应的文档归类与聚类等功能支持。自动分类模块主要包括：知识分类体系构建、文档自动归类、分类结果的自学习等功能模块。

①知识分类体系构建：根据整合与梳理的现有各个系统的栏目、目录等信息，利用目录组件中构建的各类型的指标因子，设计知识分类体系构建模块，实现各栏目类型之间的语义关联及每个分类类别与其设计的语义因子的动态关联，完成整合工具后的平台统一的知识分类体系的构建。

②文档自动分类：自动提取文档信息中主题类型、内容特征、主体/客体对象等关键属性信息，设计综合的文本语义相似度计算方法，实现基于各部分不同权重动态设计的文档自定分类，使得文档能够自动归类到按照事先划分好的知识分类体系中的各个分类节点/栏目中，而针对无法归类的文档，则根据文本聚类方法，对这些文档集进行自动聚类，从而实现多源、多维文档知识的归类整理。

③分类结果的学习：根据自动分类结果，用户可以修改分类或者是对分类结果进行评价，使得能够通过人工对自动分类结果进行修改和校正，自动形成各类别的文档分类样本库，然后利用已有分类样本集合，对文档归类算法进行自我学习和阈值调整，提高文档归类的正确率。

（3）知识关联模块

知识关联模块作为全文检索工具的检索结果显示和知识地图展示提供相应的知识关联与分类关联等功能支持。知识关联模块主要包括：知识地图的展示、相关主题的自动推荐、检索结果的分类显示等功能模块。

①知识地图展示：根据知识库中各类别知识的相互关联和文档实例归类集合，利用图形化界面表达方式，针对知识分类/栏目之间的包含、相关等关联关系以树状/图状的图形化方式进行友好展示，使得用户能够根据自己的需要，查看相关文档所属的类别及与此类别相关的其他相关知识，为用户对知识库的关联提供图形化学习方法。

②智能推荐：根据用户日常查询和关注信息类型及某段时间内搜索的相关文档，利用知识库中不同知识类别之间的关联关系，对用户可能感兴趣的其他相关分类进行智能推荐，使得用户能够在查询某类信息的同时，方便随时查看其相关的信息内容，实现面向用户的知识智能化的有效应用。

③检索结果分类：利用知识库中知识分类体系的关联关系，根据系统默认/用户自身设定显示模式和排序方式，针对用户搜索的结果，按照用户感兴趣的知识分类/栏目的程度，进行有序的排列和显示，实现信息结果的分类、模块等方式的友好显示。

（4）知识资源管理

知识资源管理模块用于对知识管理工具中各种数据资源进行管理、更新与维护，主要包括：专题主题关键词词库管理、热点词词典管理、知识谱系管理等子模块。数据资源管理层次图如图5-20所示。

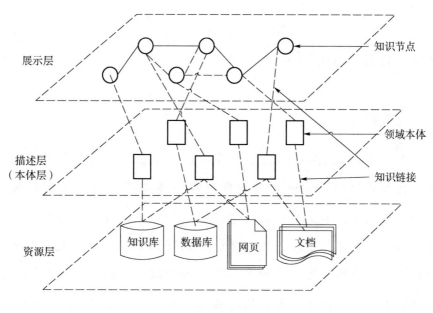

图 5-20　数据资源管理层次图

①专题主题关键词词库管理：通过系统运行及专题主题关键词的自我学习，管理人员需要根据应用要求，增加或更改不同的主题类别及主题关键词的词汇，因此针对专题主题关键词的词库，需要实现对词库条目的增加、删除、更新等管理维护的操作模块。

②热点词词典管理：针对近期热点词汇形成的热点词汇词典，管理人员能够根据互联网上最近关注的热点事件，对词典中热点词汇条目进行增加、删除、更新等管理维护操作，实现对热点词汇的统一管理和持续更新功能。

③知识谱系管理：针对知识谱系的知识分类中各分类节点信息的管理，构建知识谱系界面管理工具，使得管理员根据不同专家、用户的反馈意见，通过知识谱系管理工具，实现对知识谱系中各个知识类别进行增加、删除、更新等管理维护操作。

5.4.5 信息发布工具

1. 工具概述

信息发布工具提供对信息资源和数据的动态展示,对各种信息进行分类、高效的管理,主要实现信息资源服务和信息资源内容的统一管理,为政府领导决策提供动态、个性化、知识化的综合信息服务,包括信息发布管理服务、站点管理服务、样式管理服务、专题发布服务、栏目管理服务、网站模板管理服务、布局管理服务、访问量统计服务、网站管理服务、条目管理服务、信息展示服务等。满足日常业务和对外信息发布需求。

2. 功能模块

信息发布工具功能模块图如图 5.21 所示。该功能模块主要有网站管理和信息发布两大模块组成,在这两大模块之下又分若干子模块。

(1) 网站管理

网站管理包括站点布局管理、内容管理、访问量统计、网页模板管理、访问控制管理等模块。其中部分模块是已有网站发布工具包含的功能,部分模块需要根据信息资源情况进一步扩展。

1) 站点布局管理

站点布局管理包括布局管理、导航栏管理、样式管理等功能,其中布局管理还包括个性化美工模板和自定义工具。这个功能主要是定制网站的样式、布局等功能。

① 布局管理:提供所见即所得的网站布局管理,网站管理人员在网站布局管理页面可以选择网站的栏目添加到布局页面,其中每个栏目又

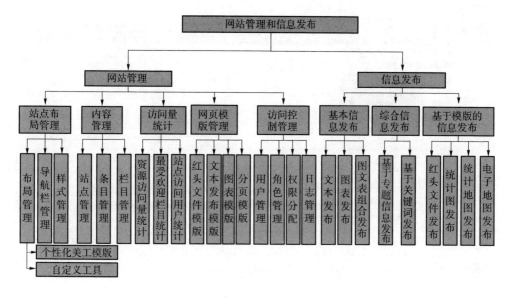

图 5-21　信息发布工具功能模块图

包含若干条目，网站管理人员可以设置条目的显示方式，如列表样式显示和滚动样式显示，布局模块还支持图片上传功能，网站管理人员可以进行图片上传，设置 URL 连接，通过图片 URL 连接，可以连接到指定网站，在布局模块还支持对各栏目的拖拽布局和单元格的拆分与合并等功能。

②导航栏管理：导航栏管理可以对网站的导航内容进行管理，包括对导航栏内容的删除和更改导航栏内容的显示顺序。网站管理人员可以很方便地对网站导航进行管理和定制个性化的导航栏显示。

③样式管理：样式管理又可分为网站样式管理和栏目样式管理。

网站样式管理：提供多套网站样式，网站管理人员可以自由选择和替换网站样，为用户带来视觉上的变化和冲击。

栏目样式管理：栏目样式管理，可以设置栏目的显示样式，如列表、滚动、滑动等多种显示样式，使整个网站具有较高的生机和活力！

栏目样式管理页面如图 5.22 所示。

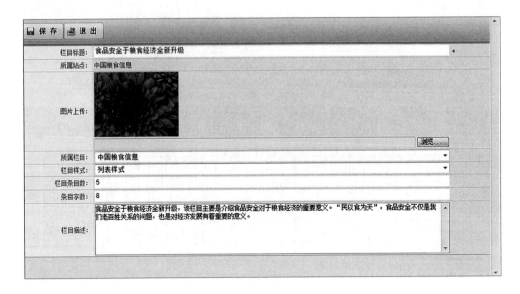

图 5-22 栏目样式管理页面

2) 内容管理

内容管理主要包括站点管理、栏目管理、条目管理等内容。

①站点管理：网站管理人员需要先选择网站，以确定是对哪个网站下的内容进行管理，当网站管理人员点击内容管理时，会显示一个包括已建立的网站树，方便网站管理员选择。

②栏目管理：当网站管理人员选完网站之后会列出该网站下的所有栏目，网站管理人员可以方便定位到自己需要找的那个栏目，完成栏目选择，如果需要对栏目进行编辑还可以对栏目进行编辑。栏目管理页面如图 5.23 所示。

③条目管理：当网站管理人员选择完栏目之后，就可以进对内容的管理了，网站管理人员可以选择新建条目，就会在选择的栏目下建立新的条目，在条目编辑页面，网站管理人员可以进行条目标题、所属网站以及所属栏目的编辑和选择，并可以上传该条目需要显示的图片以及进行页面的内容编辑，内容编辑支持多种格式可以插入模板、支持内容来

面向政府宏观决策智能化服务技术架构及工具 第 5 章

图 5-23　栏目管理页面

源从 Word 粘贴、一键排版、字体样式和大小选择、文字背景和颜色设置、文字粗体、斜体和是否有下划线设置、单个图片上传和多个图片上传、Flash 上传、Word、Excel 等格式文件的上传、插入文件、表格等多种功能。

内容管理编辑页面如图 5-24 所示。

图 5-24　内容管理编辑页面

3)访问量统计

访问量统计包括资源访问量统计、最受欢迎栏目统计、站点访问用户统计等内容。

根据用户对资源、栏目、站点的访问次数进行统计,为信息资源评价提供数据支撑。

网站访问量页面如图5-25所示。

```
<< 网站访问量统计 >>
您是第 15563 位访问本站的客人
```

图5-25 网站访问量页面

4)网页模板管理

网页模板管理包括红头文件模板、文本发布模板和图表模板等功能。

红头文件是根据政府工作特色定制化开发的功能,通过红头文件模板可以方便用户快速地发布网页版的红头文件,样式与公文流转使用的红头文件一样。文本发布模板是普通的富文本编辑器完成普通页面的发布。图表模板是给用户提供一种图、文、表混排的模板。

5)访问控制管理

访问控制管理包括用户管理、角色管理、权限分配、日志管理等功能。

①用户管理:可以将用户分组进行管理。

②角色管理:设置用户不同的角色,根据用户角色设置用户的级别,实现用户权限的划分。

③权限分配:对不同的角色赋予不同的功能权限,还可以对某一用户进行赋权操作。

④日志管理:日志记录分前台浏览日志和后台维护日志,前台浏览日志记录登录网站的每一位用户的每一次操作,后台维护日志记录网站运维人员做过的每一次网站运维记录。

(2) 信息发布

信息发布在信息发布工具中占有很重要的位置，信息发布又包含基本信息发布、综合信息发布和基于模板的信息发布等模块。提供多种的网站模板，网站管理人员可以方便地更换网站的显示样式。

1）基本信息发布

基本信息发布能够完成网站基本的信息发布要求，包括网站的栏目、条目、文本、图片等信息发布。

2）综合信息发布

综合信息发布提供基于专题信息发布和基于关键词发布两种发布方式。

3）基于模板的信息发布

基于模板的信息发布提供了多种类型的模板，可以发布多种不同类型的信息，如文本网页模板、表格网页模板、电子地图网页模板、统计图网页模板、统计地图网页模板、政府文件模板等网站发布模板，可以满足不同的应用需求。

5.4.6 可视化分析展示工具

1. 工具概述

可视化是利用图形、图像处理、计算机视觉以及用户界面，通过表达、建模、立体、表面、属性以及动画的方式展示数据，便于直观展示数据。可视化发布服务是基于大数据平台的框架，在联机分析系统和可视化分析系统的基础上，定制开发可视化发布系统。系统提供统计图、统计表格、二维地图、三维可视化服务，用户可以通过简单、便捷的操作，为领导提供形式丰富、用户感官良好的数据可视化展示效果。

2. 功能模块

可视化分析展示工具是一个支持多类型数据的配置工具，支持在大数据计算框架下实现快速配置展示功能,主要包括统计图展示、统计表格展示、二维地图可视化、三维可视化服务四个功能模型,系统功能模块图如图 5-26 所示。

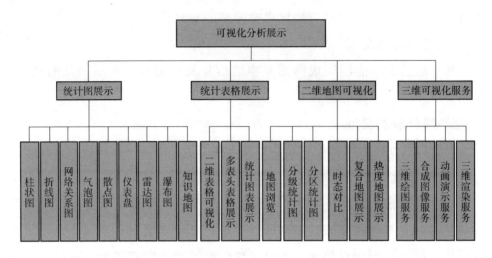

图 5-26　可视化分析展示工具功能模块图

(1) 统计图展示

统计图展示功能模块实现对各种统计数据、分析结果的统一组织管理和视觉图形表达的可视化展示。统计图展示支持柱状图、折线图、网络关系图、气泡图、散点图、仪表盘、雷达图、瀑布图、知识地图等多种表现方式。

(2) 统计表格展示

统计表格展示支持统计数据展示,提供二维表格可视化、多表头表格展示、统计图表展示等,此外,支持统计表格与统计图联动展示。

(3) 二维地图可视化

二维地图可视化针对空间数据,实现基础数据与专题数据可视化展示,包括地图浏览、分级统计图、分区统计图、时态对比、复合地图展示、热度地图展示。地图浏览支持矢量地图、影像地图两种地图格式。分级统计图是按照专题数据,将地图区域按照颜色深浅表示指标。分区统计图将统计图与地图相结合，统计图用于表达专题指标内容。时态对比实现多时态地图数据动态展示。热度地图展示将专题指标用不同深浅的颜色绘制专题图层，并叠加在基础地图上。复合地图展示实现上述两种或多种地图叠加展示。

（4）三维可视化服务

三维可视化服务一方面实现地图数据三维展示，另一方面实现数据信息的三维效果可视化，支持三维绘图服务、合成图像服务、动画演示服务和三维渲染服务，从而生动、形象地展示信息。

5.4.7 资源评价工具

1. 工具概述

资源评价工具对政府宏观决策智能化服务平台所使用的信息资源进行评价。信息资源评价采用了定性评价和定量评价两种模式进行。定性评价方案制定主要针对不能量化的资源进行评价，包括信息的准确性、实用性、权威性等；定量评价方案制定是用来评价可以量化的信息资源，可以量化信息特征包括信息的访问量、点击率、链接引用率、检索频率等。

（1）定性评价方案制定

根据信息资源的特点采用不同的定性评价指标，定性评价指标包括权威性、准确性、适用性、及时性、价值性、有效性、可用性、方便性等评价指标，来制定适合系统业务特点的评定信息资源的方案。

（2）定量评价方案制定

定量评价适合范围广，只要信息资源系统有人使用，均可以采用定量评价指标来评价该系统资源。定量评价信息资源按照信息资源的访问量、点击率、点击量、关键词检索率、资源链接引用率等来研究制定定量评价方案。定量评价研究制定所需要的信息资源主要是检索日志、全文检索记录、信息访问记录等，定量评价方案制定就是要从这些数据中分析、挖掘、统计、量化这些指标。

(3) 整体评价方案制定

对资源进行整体评价是对资源利用程度最完善的、最客观的评价。整体评价方案制定要依据定性评价和定量评价相结合的方式来制定方案。

2. 功能模块

资源评价工具是对现有信息资源评价打分，是确定信息资源访问关注度的量化评比。信息资源评价工具包括了评价模型研究设计、评价方案研究设计、资源评价、评价统计四部分内容组成，模块结构如图5-27所示。

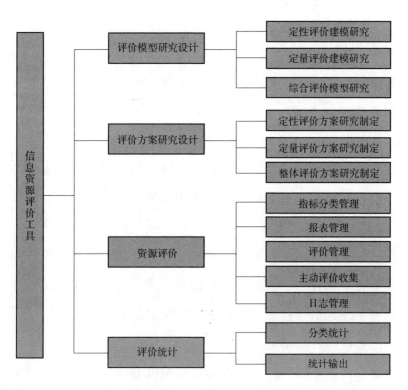

图 5-27　信息资源评价工具模块

(1) 评价模型研究设计

信息资源评价模型设计包括了定性评价建模研究、定量评价建模研究、综合评价模型研究三部分内容。

①定性评价建模研究：基于定性指标准确性、适用性、及时性、权威性、有效性、可用性、方便性建立定性评价模型。模型设计这些指标采用百分制来设计，设计数值上限为100分，下限为0分。

②定量评价建模研究：对系统日志、全文检索记录、信息访问记录、信息定性评价记录等作为信息资源的定量评价模型依据，通过全文检索工具对资源进行检索统计，给出定量的评价结果。定量评价指标可以从信息资源的访问量、引用量、检索量等来计算。

③综合评价模型研究：对信息资源进行综合评价，需要人为主观评价即定性评价和客观数据评价即定量评价两个方面对信息资源进行全面评价。对资源综合评价，其评价结果更加客观，更加全面。

(2) 评价方案研究设计

评价方案设计包括了定性评价方案研究制定、定量评价方案研究制定和整体评价方案研究制定。

①定性评价方案研究制定：根据定性评价指标包括准确性、适用性、及时性、权威性、有效性、可用性、方便性来评定信息资源的方案。

②定量评价方案研究制定：定量评价信息资源按照信息资源的检索率、引用率、点击率等来研究制定定量评价方案。

③整体评价方案研究制定：定性评价的评价信息来源于用户的主观评价，具有一定的主观性，而定量评价是系统对于信息资源的客观性评价，但两者都从不同的方面对于信息资源进行了有效评价。将信息资源的定性评价结果和定量评价结果相结合，就构成信息资源的整体评价方案。

(3) 资源评价

资源评价包括指标分类管理、报表管理、评价管理、主动评价收集以及日志管理。

①指标分类管理：主要实现指标信息的管理，包括指标的定义、指标的分类、指标代码定义、分制管理等信息，实现指标的增加、变更、删除、检索等功能。

②报表管理：主要实现指标信息的评价结果输出，打分结果可以以报表方式输出或打印。

③评价管理：对资源进行定性管理，实现对资源的定性指标的打分管理，如图 5-28 所示。

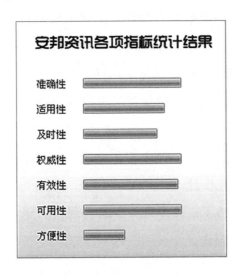

图 5-28　评价管理页面

④主动评价收集：用户根据系统提供的结构人为主观性对资源进行评价，如图 5-29 所示。

图 5-29 所示为每个检索资源条目或网站条目进行的资源评价图，在图中可以看出，对该资源进行评价包括了准确性、适用性、及时性、权威性、有效性、可用性、方便性几个方面对资源进行全面评价打分。用户可以填写评论意见，用户对系统投票打分或提交的评论，系统收集用户的反馈信息记录数据库。

⑤日志管理：主要是用户对资源评分日志记录，包括用户的 IP 地址、访问系统、栏目、条目、访问时间等所做的记录，如图 5-30 所示。

图 5-29 主动评价收集界面

序号	站点	栏目	用户	访问者IP地址	访问时间
1	国民经济(年度)—对外经济	中国经济主要指标	appPC	192.169.10.2	013年12月28日 03时45分19秒
2	沙漠化	中国经济主要指标	appPC	192.169.10.2	013年12月28日 03时45分19秒
3	"禽流感"专题	经济发展与分析	appPC	192.169.10.2	013年12月28日 03时45分19秒
4	国民经济(年度)—宏观经济	中国与世界	appPC	192.169.10.2	013年12月28日 03时45分18秒
5	中国经济主要指标	世界经济	appPC	192.169.10.2	013年12月28日 03时45分18秒
6	国民经济(进度)—对外经济	一体化安排	appPC	192.169.10.2	013年12月28日 03时45分15秒
7	世界经济主要指标	中国与世界	appPC	192.169.10.2	013年12月28日 03时45分15秒
8	欧洲	西部大开发	appPC	192.169.10.2	013年12月28日 03时45分09秒
9	世界经济	西部大开发	appPC	192.169.10.2	013年12月28日 03时45分09秒
10	上海合作组织	中国经济主要指标	appPC	192.169.10.2	013年12月28日 09时09分54秒
11	大洋洲	一体化安排	appPC	192.169.10.2	013年12月27日 09时03分56秒
12	西部环境	中国经济主要指标	appPC	192.169.10.2	013年12月27日 09时02分52秒
13	重要文件和讲话	粮食及农业	appPC	192.169.10.2	013年12月27日 08时57分36秒
14	国民经济(年度)—经济部门	粮食及农业	appPC	192.169.10.2	013年12月27日 08时57分34秒
15	石油输出国组织	中国经济主要指标	appPC	192.169.10.2	013年12月27日 08时55分24秒
16	国民经济(2008年度)—宏观经济	台湾问题	appPC	192.169.10.2	013年12月27日 08时54分4秒
17	粮食安全	西部大开发	appPC	192.169.10.2	013年12月27日 08时54分17秒
18	中国粮食信息	中国与世界	appPC	192.169.10.2	013年12月27日 08时54分12秒
19	国民经济(2007年度)—经济部门	台湾问题	appPC	192.169.10.2	013年12月27日 08时53分48秒
20	台湾问题	西部大开发	appPC	192.169.10.2	013年12月27日 02时30分38秒

图 5-30 日志管理界面

（4）评价统计

资源评价统计包括分类统计和统计输出两部分内容。

①分类统计：按照定性和定量中的指标分类统计管理。定性指标分类统计如图 5-31 所示。

图 5-31 定性指标分类统计

图 5-31 所示为各个资源网站系统按照定性评比标准进行分类统计。按照评比标准对所有资源进行分类统计，可以清楚地看出在权威性这一标准下，各个网站、资源系统的对比情况，为以后资源调整提供直接的依据。

②统计输出：根据统计结果以文件的方式导出或打印输出。图 5-31 所示的统计结果可以 HTML 格式输出或以表格方式输出。

5.4.8 个性化服务工具

1. 工具概述

个性化服务工具是以建立的完善的知识框架为基础来管理信息，并且可以根据用户自身的需求来进行个性化建模以及对主题描述的分类整理。用户可以根据不同需要，方便快捷地查询到准确详细的数据资料进行管理决策。个性化服务的信息查询必定是以精准、高效为基本条件实现。

个性化信息服务基本流程：根据用户互动提议或者用户反馈以及资源使用评价的结果来给用户个性化建模（也可直接使用），根据用户自身的建模意向通过主题描述、分类关联进行指标信息封装，实现用户的个性化展示。

2. 功能模块

个性化服务的主要功能：用户偏好建模、主题描述分类、主题信息动态展示等，如图 5-32 所示。

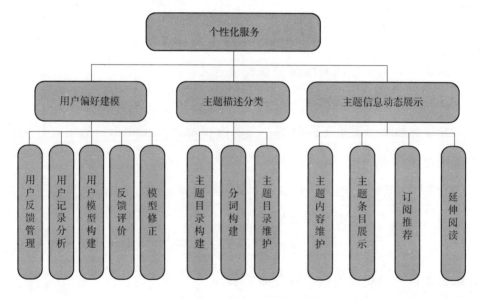

图 5-32 个性化服务功能

（1）用户偏好建模

用户偏好建模由用户反馈管理、用户记录分析、用户模型构建、反馈评价、模型修正等五部分功能组成，根据用户互动结果或者用户反馈以及资源使用评价的结果，建立用户偏好模型，并在后期跟踪用户意见的过程中不断完善成具有较强针对性的建模，使其越来越准确与细致。

（2）主题描述分类

主题描述主要包括：主题目录构建、分词构建、主题目录维护等功能。

①主题目录构建：将用户检索所涉及的资源以目录形式构建，其来源为主题相关信息的人工导入及主动录入主题信息，并拥有修改、删除以及对资源目录设置检索状态等维护功能。

②分词构建：在用户所构建的目录下进行分词的创建，设定检索分词规范，并提供了分词信息的编辑、删除、设置检索状态、设置分词的分类等维护功能。

③主题目录维护：对用户所创建的主题目录树中的主题信息进行描述，描述主题信息之间的所属关系表达意义。

（3）主题信息动态展示

主题信息动态展示主要包括：主题内容维护、主题条目展示、订阅推荐、延伸阅读等模块。

①主题内容维护包含了信息条目人机交互的分类与主题关联和条目的自动归类与人工调整等操作界面的开发。

②主体条目展示是在主题树节点下展示其所属条目的具体内容信息，并根据条目内容相关信息进行自动关联。

③订阅推荐是根据用户提出建议及喜好，推荐出相似度高、关联性高的主题信息。

④延伸阅读是根据主题信息内容中的主要关键词进行查询，并将相关资料推送给用户，方便用户使用。

第6章 面向政府宏观决策智能服务实践案例

作者团队多年来服务于政府宏观决策领域，在面向政府宏观决策智能化服务方面积累了一定的经验和一些相对成功的案例。下面分别从提高数据共享能力实现各级政府部门数据资源互联互通、整合政府部门内部及部门之间数据资源协同为政府宏观决策提供服务、利用大数据与人工智能技术提供智能化统一信息资源检索服务三个方面，给大家分享一些研究成果和项目经验。

6.1 国家、省、地多级联动的宏观经济运行系统

6.1.1 系统概述

2009—2013年我国电子政务外网基础设施建设完成，实现了从中央到省、地市、县的多级网络基础设施互联互通。基于电子政务外网，建设各级政府的宏观经济运行系统，实现各级政府间的信息资源共享，完成从国家宏观决策层面、省级宏观决策层面到地市级政府宏观决策层面，为各级政府制定宏观经济政策提供科学有效的支撑。

宏观经济运行系统所选取的指标，是通过大量的调研，广泛听取了宏观经济方面专家、学者的意见，选取了经济增长、物价水平、就业情况、对外经济、固定资产投资、消费、财政、金融、证券等九大类数据指标，128个数据项，来充分反映国家、省、地市的宏观经济运行情况。

6.1.2 系统流程

系统的功能流程主要包括：数据整合、系统功能定制、专题组织、信息服务等过程，宏观经济运行系统流程图如图 6-1 所示。

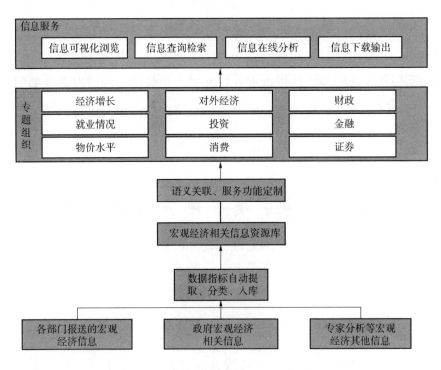

图 6-1 宏观经济运行系统流程图

（1）数据整合

数据整合的主要功能流程包括宏观经济相关信息的数据获取、指标提取、分类入库、信息关联等，形成宏观经济信息资源库。

（2）系统功能定制

基于宏观经济信息资源库，利用应用支撑工具进行系统功能定制，实现信息可视化、信息统计分析、打印输出等功能封装。

（3）专题组织

根据用户业务需求，按照主题对已实现功能定制的宏观经济运行实况、专题信息进行发布。

（4）信息服务

面向用户，提供信息可视化、浏览查询、检索、下载输出等信息服务。

6.1.3 系统功能

宏观经济运行系统主要功能包括：宏观经济指标分类管理、宏观经济指标数据自动提取入库、宏观经济信息多维可视化、宏观经济信息查询检索、宏观经济信息分析、宏观经济信息下载输出、宏观经济信息资源评价、宏观经济信息应急服务，如图 6-2 所示。

（1）宏观经济指标分类管理

基于平台数据库、综合信息分类体系和专家知识，实现宏观经济指标分类管理，便于用户系统地进行信息浏览、查询与分析，主要功能如下：

①主题分类管理按照主题将宏观经济数据指标分为经济增长、物价水平、就业情况、对外经济、固定资产投资、消费、财政、金融、证券九大类，实现逻辑上的主题分类管理。

②数据类型分类管理根据数据的存储形式，将宏观经济数据指标分为统计数据、多媒体数据、与地理信息整合的空间化数据，在物理存储时进行分类管理。

（2）宏观经济指标数据提取入库

基于政府办公网信息资源整合数据和各部门报送的宏观经济信息，利

政府宏观决策智能化服务技术与实践

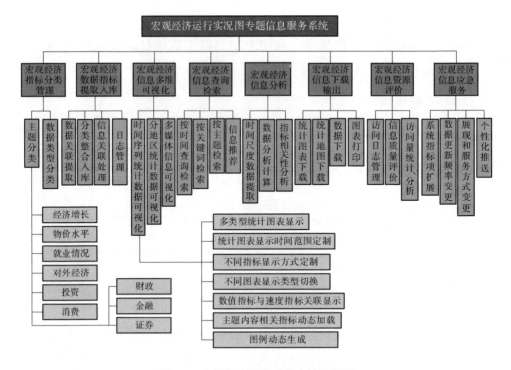

图 6-2 宏观经济运行系统功能结构图

用支撑工具、综合信息分类体系,通过定制开发,实现领导关注的有关宏观经济的重要数据指标的自动提取、分类整合、关联处理,为系统应用功能的实现提供支撑,主要功能如下:

①数据关联提取通过功能定制,实现宏观经济相关数据指标与数据源的自动关联提取与动态更新;

②分类整合入库功能利用整合平台目录服务工具,按照系统信息服务主题,实现宏观经济数据指标分类管理功能,形成宏观经济信息资源目录;

③信息关联处理实现系统数据间关联关系的标引功能,将不同数据指标建立关联关系,为系统的相关指标统计分析提供支撑。

日志管理实现数据入库日志登记功能,以实现入库过程的跟踪管理。

(3) 宏观经济统计信息多维可视化

根据宏观经济不同指标的特点,实现时序经济统计数据的多种图表方式表达、相关指标动态加载等功能。根据数据的时间—空间特点、数据类型等因素，宏观统计信息可视化可分为：时间序列统计数据可视化、分地区统计数据可视化、多媒体信息可视化等，主要功能如下：

①时间序列统计数据可视化采用统计图表可视化方式，实现时间序列统计数据的统计图表显示功能，反映宏观经济总体运行情况。统计图表类型包括折线图、直方图、柱状图等。相关功能包括指标数据的动态提示、缺省显示数据的时间范围定制、时间范围交互选取、绝对值与增长速度的切换、图表类型切换、某主题相关指标的动态加载、图例动态生成等。

宏观经济统计信息多维可视化如图6-3所示。

图6-3 宏观经济统计信息多维可视化

②分地区统计数据可视化基于行政区划地理数据，利用统计地图产品工具，通过参数封装与功能定制，实现统计地图功能，展示分省的宏观经济运行指标数据。

③多媒体信息可视化采用信息资源整合平台的多媒体信息服务工具，实现宏观经济相关的分析报告、专家观点等文本、图片、视屏信息的可视化展示。

宏观经济统计信息多媒体信息可视化如图6-4所示。

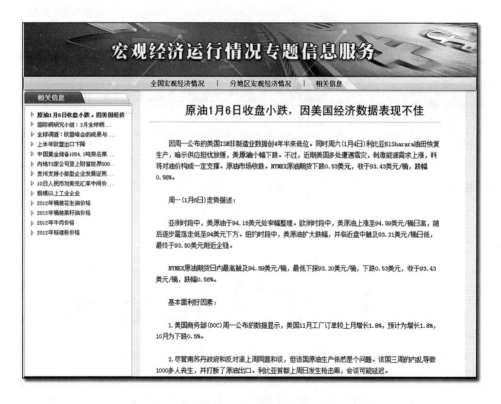

图6-4　宏观经济统计信息多媒体信息可视化

（4）宏观经济信息查询检索

宏观经济信息查询检索的主要功能如下：

①按时间查询检索实现按栏目的任意时间宏观经济数据的查询、快速可视化；

②按关键词检索基于本体、语义关联等技术，实现基于关键词的全文检索功能；

③按主题检索通过专题定制，实现主题相关信息检索功能；

④信息推荐通过语义关联、知识关联等的相关信息关联技术，为用户推荐与检索内容相关的信息。

宏观经济信息查询检索如图6-5所示。

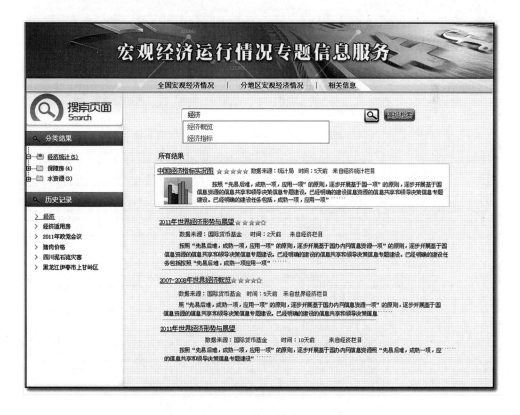

图6-5　宏观经济信息查询检索

（5）宏观经济信息分析

宏观经济信息分析主要功能如下：

①时间尺度数据提取基于基本指标数据，通过关联分析、汇总、平均等算法的实现，实现不同时间尺度数据指标的提取、指标相关性分析等功能；

②数据分析计算根据时间分辨率的数据分析计算较粗尺度的数据指标，如根据每日的粮油价格分析计算每周、每旬的粮油价格等；

③指标相关分析基于简单的经济分析模型，实现宏观经济指标相关分析、预测分析等。

宏观经济信息分析如图6-6所示。

图6-6　宏观经济信息分析

（6）宏观经济信息下载输出

实现宏观经济信息数据、图件的下载、打印等输出功能，如图6-7所示，其主要功能如下：

①统计图表下载实现当前窗口显示的统计图表的图像化存储；

②统计地图下载实现当前窗口显示的统计地图的图像化存储；

③数据下载实现指定范围的指标数据的下载功能，输出格式包括Excel、Word等。

④图表打印实现统计图表、统计地图的精细化打印功能。

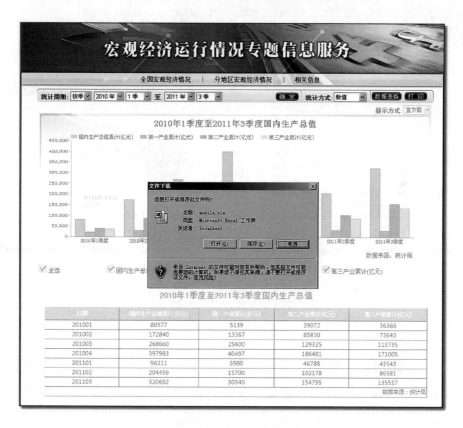

图 6-7　宏观经济信息下载

(7) 宏观经济信息资源评价

通过访问日志管理与分析，实现宏观经济信息资源的评价分析，如图 6-8 所示，其主要功能如下：

访问日志管理通过系统定制，实现系统访问日志的自动生成、管理等功能；

信息资源质量评价为用户提供宏观经济信息评价页面，可分为好、一般、差等级别；

访问量统计、分析实现系统总访问量统计、栏目访问量统计、栏目访问量统计排序、质量评价（好、一般、差）统计等功能。

图 6-8　宏观经济信息资源评价

（8）宏观经济信息应急服务

应急服务可以在较短时间内对需求做出快速反应，提供除宏观经济信息日常服务之外的其他经济指标，或改变现有经济指标更新频率、展示和服务方式等。应急服务模块提供的主要功能如下：

①系统指标项扩展根据用户的需求，能够快速扩展系统数据指标的类型和数量，如根据需要新增永久性指标或临时性指标；

②数据更新频率变更根据某时间段内的特定需要，可对系统指标数据的报送更新频率进行更改，如将年度更新变更为月度更新；

③展示和服务方式变更可以满足用户的特定喜好，可以根据需要对信息的可视化方式做出调整，实现自定义的数据展现效果；

④个性化推送对有紧急应用需求的用户，推送个性化的信息服务和功能。

6.1.4 国家、省、地市三级联动

宏观经济运行系统按国家、省、地市三级部署,各级系统的数据支撑单位、数据来源不同,国家级宏观经济运行系统的数据来源为国家发展改革委、商务部、国家统计局、财政部等部门,形成全国数据指标和分省数据指标。省级宏观经济运行系统来源为省统计局、财政厅、商务厅等部门,形成全省数据指标和地市数据指标。地市级宏观经济运行系统数据来源为市统计局、市财政局、市商务局等部门,形成全市数据指标和区县数据指标。国家、省、地市三级宏观经济运行系统通过电子政务外网实现系统的互联互通,数据的共享共用,在国家的宏观经济系统除了可以了解全国经济运行情况外,还可以根据行政区划快速下钻到省、地市去了解相应行政区域的宏观经济运行情况。

目前已经完成了河北省、陕西省、四川省、云南省、内蒙古自治区等多个省级宏观经济运行系统的建设和石家庄市、邯郸市、保定市、湘西土家族苗族自治州等多个地市级宏观经济运行系统的建设。下一步,一方面继续拓展其他尚未完成的省、地市级的系统建设,进一步丰富省、地市级的宏观经济数据资源;另一方面还要选取有条件的区县级城市作为试点完成区县级宏观经济运行系统的建设,使数据资源向乡镇级延伸,实现各级政府宏观经济运行领域的科学有效支撑。

6.2 面向省级政府宏观决策数据协同服务

6.2.1 系统概述

作者负责建设的某省级政府领导决策支持系统,依托省电子政务外网

和省政府数据共享交换平台，针对省政府领导同志决策需求和政务工作的需要，整合省政府办公厅及各部门信息资源，构建省政府领导同志关注的应用服务专题，并提供个性化及可视化辅助决策信息服务，增强信息的系统性、个性化和实用性，为领导同志决策提供全面、及时、有效的信息支撑，满足领导同志日常办公与行政决策的需要。实现了省级政务决策从单一的信息资源到复合信息资源的转变、从分散式服务到集中式服务的转变、从通用信息服务到个性化信息服务的转变、从单纯的信息服务到决策信息服务的转变。

通过该项目的建设，主要达到了以下目标：

（1）在不干扰省政府、厅局业务系统的基础上，整合各类数据资源，构建分布式信息资源管理数据库、目标库，整合省政府现有信息资源以及省国资委、发展改革委、科技厅、民政厅、财政厅、商务厅、海关、统计局、气象局等部门的相关数据资源，构建分布式的信息资源管理数据库、信息索引库、目标数据库，实现信息资源的统一调度与共享服务。

（2）建立省政府信息资源整合利用平台，支撑信息资源整合与共享服务的实现。通过构建信息资源整合利用平台，形成一系列的应用支撑工具，支持信息资源的分层分类汇聚、动态信息在线整合、综合信息管理、可视化展示、专题快速构建、综合分析等，满足对相关信息资源及时准确获取、快捷高效服务、深度分析挖掘的需要。

（3）基于省政府数据共享交换平台汇聚的各厅局业务数据，实现数据管理服务，面向政府需要，实现政务信息资源一体化服务，提供可视化展示、专题构建等服务。

（4）在整合省政府已有信息资源、动态接入各厅局信息资源的基础上，面向政府管理和领导决策的需要，构建一系列政府决策专题信息服务系统，按主题实现多部门信息协同服务。

6.2.2 系统流程设计

省政府办公厅的业务工作开展需要较强的信息服务支撑，信息分层分类汇聚、深度整合开发、快速检索定位、统一友好展示是"省级领导决策工程"的基本业务需求。

其业务的一般流程为：接办领导同志专题任务→任务分类→信息需求→查询、统计、辅助决策分析→信息条目知识化、结构化组织→信息关联分析→信息内容可视化展示→提交成果→用户反馈→信息内容动态调整→满足业务工作需要。具体流程将领导同志决策需要和个性化习惯进行动态调整。

面向领导决策支持服务的日常办公服务流程如图 6-9 所示。

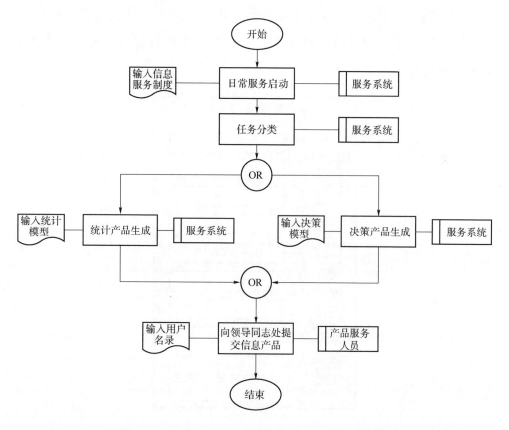

图 6-9 面向领导决策支持服务的日常办公服务流程

6.2.3 系统功能设计

针对省政府决策需求和政府管理的需要，整合利用省政府办公厅、各厅局的信息资源，围绕省发展定位和重点工作领导决策的需要，构建关注的应用服务专题，并提供个性化及可视化辅助决策信息服务，增强信息的系统性、个性化和实效性，为决策提供全面、及时、有效的信息支撑，满足日常办公与宏观决策的需要，为省级领导宏观决策提供主题化、知识化、个性化的辅助决策信息服务。系统的主要建设内容包括以下几个方面。

（1）综合信息资源库

综合信息资源库整合各厅局级单位的信息资源，根据不同的领域及数据来源，划分众多子库，主要有宏观经济库、人口库、法人库、教科文卫库、农林牧渔库、对外商贸旅游库、人社库、生态环保库、城镇化库等，综合信息资源库框架图如图6-10所示。

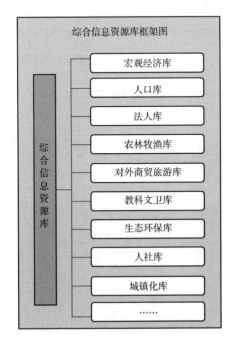

图6-10 综合信息资源库框架图

某省级政府领导决策系统数据来源主要有4类：一是省政府办公厅积累的公文、报告信息，包括签报、督办、发文、政务报送、交换公文等；二是各厅局报送的数据及业务系统产生的业务数据；三是省政府办公厅外购的数据；四是国家地理信息局提供的GIS数据。

数据资源类型主要有常用的办公软件类数据（Excel、Word、PPT等）、PDF、数据库备份文件、数据库脚本文件、text文本数据、图像类、音频视频类、国家地理信息局提供的GIS数据等。

某省级政府领导决策支持系统数据资源更新可采取三种方案：第一种是已经汇聚到省政府信息共享交换平台的数据，通过与信息共享交换平台接口实现数据更新；第二种未汇聚到省政府信息共享交换平台的数据由各业务单位报送的业务数据自动导入更新到综合信息资源库；第三种是未汇聚到省政府信息共享交换平台的数据由专门负责数据更新维护的人员将各单位报送的数据资源手动导入或录入到综合信息资源库中。

1）与省信息共享交换平台接口对接

汇聚到省信息共享交换平台的数据，利用数据采集交换工具完成与共享交换平台的数据对接，实现数据的自动更新。

2）各厅局报送

未汇聚到省信息共享交换平台的数据，由各厅局业务人员利用数据采集报送工具完成数据更新。

3）运维人员更新

未汇聚到省信息共享交换平台的数据，各厅局无法提供系统对接的情况下采用运维人员更新。数据更新模式流程图如图6-11所示。

（2）综合省情信息服务子系统

综合省情信息服务子系统是基于地理信息实现全省政区、人口、产业、环境状况、旅游资源、教育科技、资源的空间可视化、信息查询、统计等信息服务。主要集成省工商局、省统计局、省通信管理局、省交通

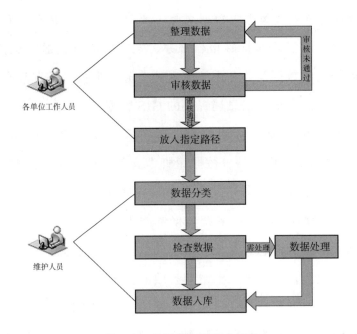

图 6-11　数据更新模式流程图

厅、省外办、国家测绘地理信息局的地理信息数据、统计数据和文本数据，共建成政区导航、产业分布与统计、人口数据、全面小康指数、通信发展、交通运输、对外交往、地名检索和资源浏览共享 9 个模块。

省、地、县情介绍提供省、市、县情的文本介绍，主要有该地区概况、经济、地理、教育、文化、交通、贸易、卫生、投资、农业、金融保险业等信息。

政区导航模块主要以电子地图的形式将全省、各市及县级行政区加载至网页中。可通过电子地图查看全省、地市及县（区）及行政范围和省情、地市、县级介绍信息。矢量地图主要体现政区情况、道路分布及河流湖泊分布情况。

产业分布与统计模块整合了省工商局提供的省工商企业全量数据，将各产业的分布情况和统计情况以空间分布和统计图、统计地图形式展示。

人口数据模块整合了省统计局报送的全省历年人口数、人口出生率、人口死亡率、人口自然增长率和地市年末总人口数据，将数据进行加工处理，以统计图、统计地图的形式展示。分为全省历年总人口、人口出生死亡率和地市人口三部分。

全面小康指数模块整合了省统计局报送的历年全面建成小康社会统计监测指标指数数据，经过数据加工处理，以数据表格形式展示。

通信发展模块整合了省通信管理局报送的数据，构建通信行业发展趋势和行政村通宽带比例两个专题。

交通运输模块整合了省交通厅报送的交通线路里程及沿海港口货物吞吐量数据，构建全省指标和地市指标2个专题及下属6个子专题。

对外交往模块整合了省友协报送的友好城市名单和友好城市详细信息数据，以HTML网页形式展示。

地名检索模块是国家测绘地理信息局提供的电子地图地名检索服务，通过地区名称或地区名称的关键字，可查询相应的地区，地名查询可详细到行政村级别。

资源浏览共享模块是针对全省政区、人口、产业、环境状况、旅游资源、教育科技、资源的浏览与共享服务，按照资源类型，分为图文数据浏览、多媒体数据浏览、图表数据分析，实现了各种类型资源的在线浏览、视频播放、资源采编和可视化展示。

（3）宏观经济运行图子系统

宏观经济运行图子系统主要通过整合全省宏观经济数据包括经济增长、物价水平、就业情况、对外经济、固定资产投资、消费、财政、金融、证券等，对省内的经济运行情况进行统计、可视化展示、查询检索等功能，为省领导和相关业务部门提供宏观经济运行实况信息服务，同时，还整合了各地市的宏观经济数据，整合了各省之间的宏观经济运行情况对比数据和全国宏观经济运行情况，反应全省与其他地区宏观经济运行的对比和与全国水平的比较。

集成省统计局、省物价局、省金融办、国家统计局、海关总署、财政部、人民银行、发展改革委、证监会、商务部、财政部国家测绘地理信息局的地理信息数据、统计数据，共建成全省指标、各省对比、地市指标、全国指标4个子模块。

宏观经济运行实况子系统效果图如图6-12所示。

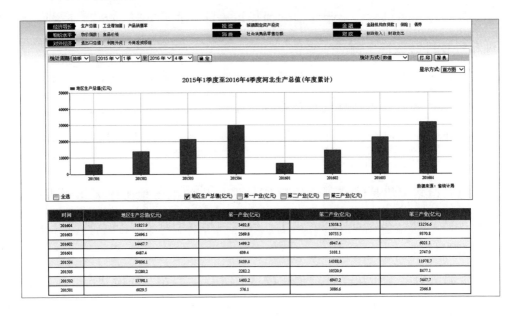

图6-12　宏观经济运行实况图子系统效果图

全省指标主要从经济增长、投资、金融、物价水平、消费、财政、对外经济7个方面反映省宏观经济运行情况。全省指标主要从经济增长、投资、金融、物价水平、消费、财政、对外经济7个方面反映省宏观经济的运行情况。经济增长包含生产总值、工业增加值、产品销售率3项指标；投资包含城镇固定资产投资1项指标；金融包含金融机构存贷款、保险、债券3项指标；物价水平包含物价指数、食品价格2项指标；消费包含社会消费品零售总额1项指标；财政包含财政收入、财政支出2项指标；对外经济包含进出口总额、利用外资、外商投资项目3项指标。

各省对比模块主要从经济增长、投资、物价水平和消费四方面反映全国各省份宏观经济运行的对比情况,可通过各省对比模块,查看全国各地区的宏观经济的水平以及该省在全国的位次。

地市指标模块整合了省统计局报送的数据,主要从经济增长、投资、居民收入、农业生产、消费、城镇工资、对外贸易、财政和单位能耗9个方面反映省各地市宏观经济运行情况的对比,通过地市指标模块,可查看地区间宏观运行状况的差异。

地市指标与全省指标相比,取消了金融和物价水平专题,增加了居民收入、农业生产、城镇工资、单位能耗4项专题。居民收入包含全体收入、城镇收入、农村收入3项指标;农业生产包含粮/棉产量、油/菜产量、果/肉产量、蛋/奶产量4项指标,城镇工资包含非私营单位、私营单位2项指标;单位能耗包含GDP能耗、工业增加值能耗、GDP电耗3项指标。通过地市指标模块,可查看地区间宏观运行状况的差异。

全国指标主要从经济增长、投资、物价水平和消费4个方面反映全国各省份宏观经济运行的对比情况。经济增长包含国内生产总值、工业增加值2项指标;投资包含固定资产投资、房地产开发投资2项指标;物价水平包含居民消费价格指数、商品零售价格指数2项指标;消费包含社会消费品零售总额1项指标。

(4)省管重点企业信息服务子系统

省管重点企业信息服务子系统主要是对省管重点企业运行情况、财务情况及产权情况进行指标梳理、数据统计、可视化处理及展示。该系统主要集成了省国资委的统计数据,共建成运行月度、财务类年度及产权类年度3个模块。

省管重点企业信息服务子系统效果图如图6-13所示。

省管重点企业信息服务子系统在数据管理服务系统的支持下,以统计图、表等多种可视化方式分析各大产业下企业运行、财务、产权等相关信息。从功能模块上主要提供运行月度模块、财务年度模块、产权年度模块等。

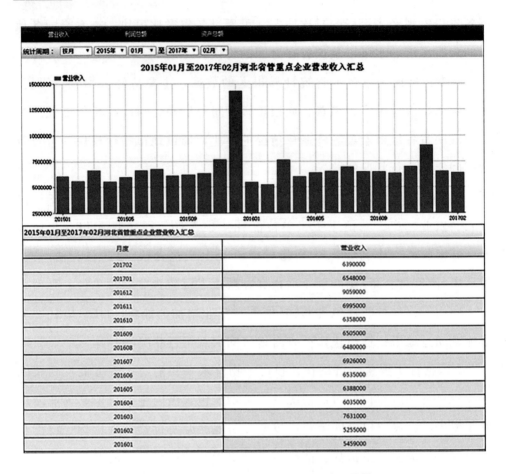

图 6-13 省管重点企业信息服务子系统效果图

①运行月度模块：运行月度模块主要对省管重点企业运行的月度数据进行处理及可视化展示，包含营业收入、利润总额、资产总额 3 项指标。

②财务类年度模块：财务类年度模块主要包含净利润、所有者权益、成本费用总额、应收账款、存货、成本费用利用率、净资产收益率、国有资本保值增值率、资产负债率等共计 9 项指标。

③产权类年度模块：产权类年度模块包含产权登记总户数、国有全资企业户数、国有控股企业户数、国有实际控制企业户数、国有参股企业户数、全民所有制企业户数等共计 6 项指标。

(5) 农林牧渔信息服务子系统

农林牧渔信息服务子系统主要对带动国家农业、林业、畜牧业、渔业四大产业经济发展起到了推进性的作用。收集农林牧渔相关基础数据信息，为省政府领导在农林牧渔等方面的宏观决策提供数据支撑。

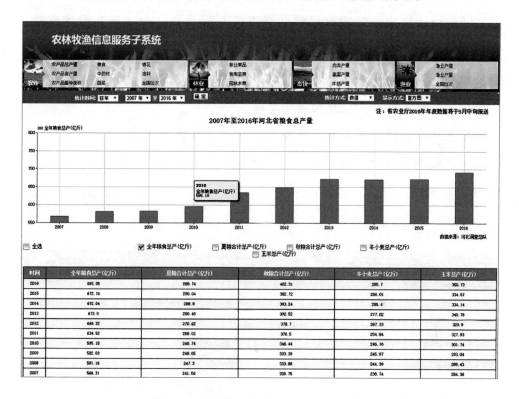

图 6-14　农林牧渔信息服务子系统效果图

农业模块整合农业生产发展数据，包括农产品产量等相关信息，梳理全省各市的数据指标。在数据整合完毕的基础上构建可视化专题，通过统计图表的形式展现出来，以便提供清晰直观的数据展示的服务。

林业模块将全省各个地市的林业生产发展数据整合到一起，其中包括果品质量、丛林生长状况等相关指标以及数据。在林业数据整合完毕的前提下，构建多样的可视化专题服务，提供丰富的展示，用以实现林业数据的在线浏览和历史数据查询等数据服务。

畜牧业模块整合包括肉制类产量等相关指标数据在内的领域相关数据资讯,在数据整合完毕的基础上,选取重要的、符合指标要求的数据进行处理,构建各类可视化专题,实现在线浏览、数据统计查询、历史查询记录等数据服务,以提供决策支持。

渔业模块将渔业领域数据信息资源整合到一起,包括渔业发展资讯、养殖类产量信息等,完成整合之后,梳理渔业指标分类体系,从而筛选出重要的指标数据进行统计汇总,构建丰富的可视化专题服务。

(6)生态环境保护信息服务子系统

生态环境保护信息服务子系统主要对全省及各地市的空气质量、水资源各项指标进行统计及可视化展示。该系统主要集成了省环保厅的统计数据和国家测绘地理信息局的 GIS 数据,共建成空气质量和水资源 2 个模块 11 项专题。生态环境保护信息服务子系统效果图如图 6-15 所示。

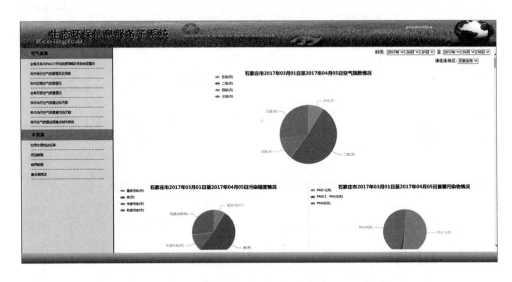

图 6-15 生态环境保护信息服务子系统效果图

生态环境保护信息服务子系统共建成空气质量和水资源和城市绿地 2 个模块,其中空气质量模块包含全省及各市 PM2.5 平均浓度增幅及目标完成情况、各市每日空气质量情况及预报、各市近期空气质量情况、全省月度空气质量情况、各市当月空气质量达标天数、各市当月空气质量重污染天数、各市空气质量全国重点城市排名 7 项指标；水资源模块包含饮用水源地达标率、河流断面、省界断面、重点湖库淀 4 项指标；各市每日空气质量情况及预报专题采集了省环保厅每日更新的未来 3 日空气质量预测数据，并在系统中展示，该数据每日更新。

（7）对外开放信息服务子系统

对外开放信息服务子系统主要对省利用外资、对外贸易、经济技术合作、旅游、侨务、对外交往、出入境检验检疫、开发区建设、海关、现代物流、会展、招商代理机构、市场运行与消费、电子商务、境外上市等相关数据进行指标分类及可视化处理。该系统主要集成了省统计局、省旅发委、省商务厅、省发改委、省侨联、省外办、省贸促会、省金融办、省出入境检验检疫局等部门的数据，共建成对外经济、各类园区、市场消费、旅游、对外交往 5 个模块。对外开放信息服务子系统效果图如图 6-16 所示。

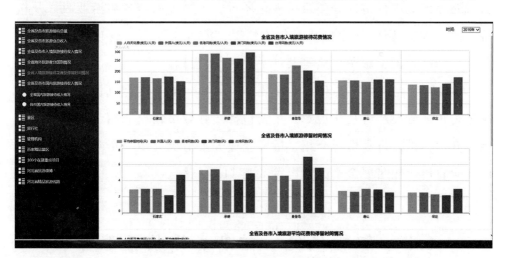

图 6-16 对外开放信息服务子系统效果图

对外经济模块包含利用外资、对外贸易和对内对外经济技术合作、境外上市四个方面的数据共计 34 类 170 项指标。

主要功能模块包括：各类园区模块、市场消费模块、旅游模块、对外交往模块。

①各类园区模块主要对全省及各市开发区、出入境检验检疫、海关等情况进行统计和可视化处理。主要包括国家级开发区、省级开发区、出口食品农产品安全示范区、国家级质量安全示范区、外资企业信用等级评定情况、指定口岸情况、检验检疫分支机构分布、国家重点实验室、出入境货物检验检疫、签发各类原产地证书、不合格货物检出率、各类外来有害生物情况等12类39项指标。

②市场消费模块主要对市场运行及消费、现代物流、电子商务相关数据进行指标分类和可视化处理。主要包括重点监测商品价格走势、生产资料价格走势、批发业法人单位、零售业法人单位、住宿业法人单位、餐饮业法人单位、物流业发展情况、电子商务交易额、园区分布等共计9类74项指标。

③旅游模块主要对省旅游业发展情况、景区、旅行社、管理机构及旅游线路等情况进行指标分类及可视化展示。主要包括全省旅游业收入及接待情况、入境/国内旅游接待及创收情况、海外旅游者、管理机构、各类景区、精品景区、旅游线路等共计7类46项指标。

④对外交往模块主要对省友好城市、侨务、招商代理机构、展会等情况进行指标分类及可视化展示。主要包括友好城市情况介绍、中东欧国家情况介绍、重点侨县情况介绍、侨资企业分市情况介绍、历年出展情况介绍、全省历年知名展会举办情况等6类11项指标。

6.3 智能化统一信息资源检索服务

6.3.1 系统概述

中央某部委经过多年的信息化建设，已经建设完成了几十个业务系统。这些业务系统经过多年运行，积累下数量庞大、信息丰富的数据资源。但因为各个业务系统建设的时间不同、建设目的不同，再加上受当时信息化技术条件的限制，业务系统的技术架构、数据存储方式、对外发布接口情况不尽相同。这些业务系统之间完全独立，不同系统之间的数据资源无法共享。诚然每个系统都有或强或弱的搜索功能，可以实现对本系统内的数据资源进行检索。但因为系统之间的独立性，如果领导或者业务人员需要查询相应的数据资源，必须每个系统中完成检索，然后再将检索结果通过人工汇总后才能使用。作者在该部委建设的智能化统一信息资源检索服务系统打破了系统之间的壁垒，通过信息资源整合技术、大数据技术和人工智能技术实现了跨数据库、跨平台、跨系统的智能化统一信息资源检索服务。

智能化统一信息检索服务是对某部委内网中信息资源进行全局索引，利用网络搜索引擎、全文检索引擎、大数据挖掘工具、数据分析及大数据整合共享平台框架进行信息资源的处理与计算，提供对于某部委应用系统、信息资源、网站等的高效、智能检索。

6.3.2 系统流程设计

智能化统一信息资源检索服务的基本流程分为输入、分析、分类汇聚、检索、权重计算、结果展示六个方面；从服务输入输出角度划分为客户端、服务器端、客户端，如图 6-17 所示。

从流程图由上到下可以看出，服务的发起者是客户端，即由输入端发起，输入端包括了用户输入、用户反馈、模拟查询三个方面，这三个方面内容发起智能检索服务；根据客户端输入的信息发送给服务器端进行处理。输入端输入的信息由服务器端先进行分析，分析包括了语义分析、分词分析、摘要分析、知识主题分析。分析结果需要对结果进行分类汇聚，

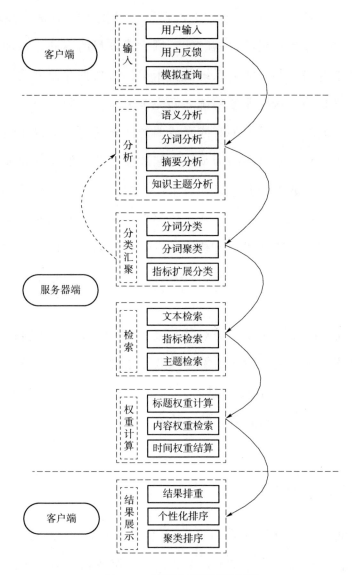

图 6-17 智能检索服务流程图

具体包括分词分类、分词聚类以及指标扩展分类实现。经过分类汇聚后开始进行检索,根据分类汇聚结果实现文本检索、指标检索、主题检索等相关检索;检索出来的结果是无序的,需要进行权重计算,对计算出来的结果进行排序会更加的科学合理。在计算权重方面充分考虑标题权重计算、内容权重计算以及时间权重计算,这些对排序至关重要的属性进行权重计算,才使得检索结果排序更加合理,更加科学,更能表达用户所想要展示的结果。经过权重结算后结果由服务器端输出到客户端展现给用户。在客户端展现检索结果的时候进行结果排重,增加用户个性化排序功能、实现聚类排序来满足用户的需求。

6.3.3 系统功能设计

智能化统一信息资源检索服务围绕更科学、更完善、更全面地为某部委工作人员服务的目的,提供全面、智能、人性化、实用性的统一资源共享利用平台的检索服务,提供基本检索服务、高级检索服务、热门检索服务、检索任务定制、检索结果排重、检索结果组织、系统个性设置、检索结果收藏夹、检索数据追踪、系统维护功能十类模块。基本检索服务提供简单检索、高亮反显、拼音检索、输入提示与矫正、结果排重等功能;高级检索支持检索运算、检索任务定制、热门检索等功能;个性定制可设置检索任务、排序规则、结果收藏功能;检索辅助实现检索基本维护,即为检索提供辅助,包括实现了检索日志管理、历史检索管理、资源库设置管理、自定义主题分词管理以及资源链接设置维护等功能。功能模块结构图如图 6-18 所示。

(1) 基本功能模块

基本功能是信息资源检索服务系统提供的常用检索功能,包括了简单检索、高亮反显、拼音检索、输入提示、输入矫正等基本功能。

①简单检索:提供基本功能的全文检索,用户输入检索词,检索服务根据检索词进行数据检索,默认检索内容为标题和正文。

②高亮显示:为了突出用户输入的关键词需要在概览和细缆中,提供命中关键词的高亮显示。采用检索网站常用的把关键词标红方式。例如检索北京两个字,检索结果关键词标红显示,如图 6-19 所示。

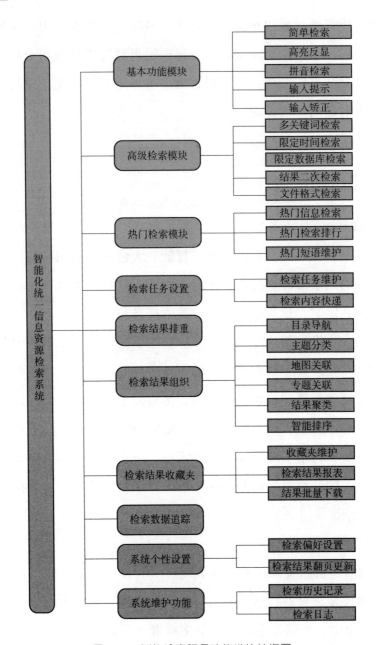

图 6-18 智能检索服务功能模块结构图

③拼音检索：用户可输入拼音，系统自动提示相关词辅助输入，如图 6-20 所示。

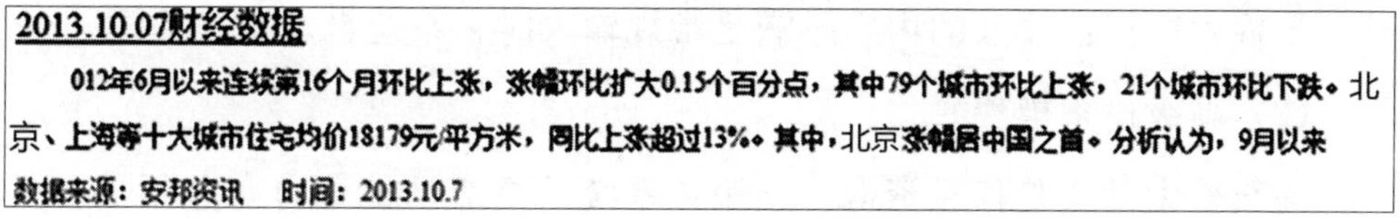

2013.10.07财经数据

012年6月以来连续第16个月环比上涨,涨幅环比扩大0.15个百分点,其中79个城市环比上涨,21个城市环比下跌。北京、上海等十大城市住宅均价18179元/平方米,同比上涨超过13%。其中,北京涨幅居中国之首。分析认为,9月以来

数据来源:安邦资讯　时间:2013.10.7

图 6-19　关键词标红

图 6-20　拼音检索自动提示

用户检索词拼音格式会有拼音词语提示,效果如图 6-20 所示。

④输入提示:用户输入字符的时候,根据用户输入的单词匹配,系统自动产生下拉输入提示,以便于用户选择。如图 6-21 所示。

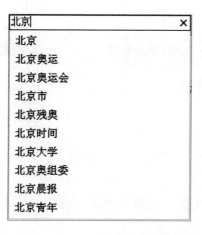

图 6-21　搜索关键词输入提示

⑤输入矫正：输入的内容不满足常规输入时，系统自动矫正输入。

（2）高级检索模块

高级检索模块是信息资源检索服务系统的高级功能部分，包括了多关键词检索、限定时间检索、限定数据库检索、检索结果二次检索等功能。

高级检索页面参考图如图 6-22 所示。

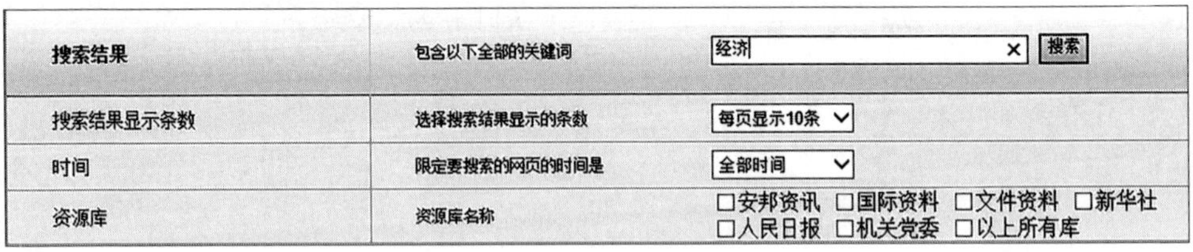

搜索结果	包含以下全部的关键词	经济　　　　　　× 搜索
搜索结果显示条数	选择搜索结果显示的条数	每页显示10条 ▽
时间	限定要搜索的网页的时间是	全部时间　▽
资源库	资源库名称	□安邦资讯 □国际资料 □文件资料 □新华社 □人民日报 □机关党委 □以上所有库

图 6-22　高级检索页面

高级检索方式应该支持多种运算符计算，这些运算符包括了比较运算符、逻辑运算符等多种运算符检索方式。

多关键词检索：为了提供更加准确的检索方式，需要支持复杂表达式，支持多字段之间或多字段内与、或、非、异或等查询。

限定时间检索：限定时间检索可以把检索范围锁定在某个时间段内，根据选定时间范围结合数据创建时间进行检索，可以使检索出来的结果更加准确，如图 6-23 所示。

限定要搜索的网页的时间是	全部时间 今天 昨天 最近一周 最近一月 最近一年
资源库名称	

图 6-23　时间范围检索页面

限定数据库检索功能：信息资源库很多，系统提供用户可选择特定数据库进行检索，如图 6-24 所示。

资源库名称	□安邦资讯 □国际资料 □文件资料 □新华社 □人民日报 □机关党委 □以上所有库

图 6-24　指定资源库检索页面

结果二次检索：根据检索出来的结果，用户可以在结果中进行第二次检索，二次检索是在检索结果中通过修改条件进一步展开检索。

文件格式检索：系统可支持对文件进行检索，可以按照文件的格式进行检索，比如可以检索视频类、文档类等的文件。

（3）热门检索模块

热门检索顾名思义是检索目前或者时下正在热议的新闻或话题等信息资源，用户输入热门词汇或标题进行热点资源检索，把检索出来的热点信息结果呈现给用户。热门检索包括热门短语的维护管理、热门信息检索以及热门检索排行。

热门信息检索：系统根据最近导入的信息资源实现相关热门专题信息的搜索。用户点击页面中热门短语超链接后，系统将自动进行热门信息检索。

热门检索排行：系统根据每周的日志记录，统计分析热门主题检索频率，实现热门信息检索排行功能。通过热门检索可以统计出用户最感兴趣的热点信息资源，如图 6-25 所示。

图 6-25　热门检索排行页面

热门短语维护：系统维护人员根据近期社会关注的热门事件对检索系统页面中的热门短语链接提供维护，在更新相关数据库内容后，系统自动更新显示热门短语链接，如图 6-26 所示。

□	序号	关键词名称	关键词查询频率	基本操作
□	1	北京	586	编辑 删除
□	2	上海	291	编辑 删除
□	3	新闻	57	编辑 删除
□	4	北京市	54	编辑 删除
□	5	北京经济	49	编辑 删除
□	6	香港	43	编辑 删除
□	7	日本	36	编辑 删除
□	8	天津	33	编辑 删除
□	9	北京大学	29	编辑 删除
□	10	北京香港	23	编辑 删除
□	11	财经数据	15	编辑 删除
□	12	2012年北京经济	14	编辑 删除
□	13	北京市	12	编辑 删除
□	14	北京奥运	12	编辑 删除
□	15	中办	11	编辑 删除
□	16	北京气候	10	编辑 删除
□	17	房产	10	编辑 删除
□	18	沙漠	10	编辑 删除
□	19	全国沙漠化	10	编辑 删除
□	20	沙漠化	9	编辑 删除

共有 120 条记录，当前第 1/6页　首页 上一页 下一页 尾页 转到第 页 转

图 6-26　热门短语维护页面

（4）检索任务设置

当用户需要长时间关注某一主题或专题信息时，无须每天都进入信息资源检索系统进行检索操作，只需将检索条件定制为检索任务。系统将不断更新发送相关检索结果。包括检索任务维护以及检索结果推送。

①检索任务维护：针对用户提供检索任务的设置、编辑、取消地址等操作功能模块。

②检索结果推送：根据用户定制的检索任务中包含的检索条件，系统会根据用户的设置在每天最新更新的信息资源中进行检索，并将检索结果以增量的方式传传送到用户桌面，用户打开信息检索系统后就会收到相关信息的提示，如图 6-27 所示。

你当前的位置：设置检索任务　新增 删除 检索

□	序号	设置名称	用户名称	推送地址	时间	基本操作
□	1	合作	appPC	192.169.10.2	2013年11月19日 04时01分17秒	编辑 删除
□	2	上海	appPC	192.169.10.2	2013年11月19日 04时01分17秒	编辑 删除
□	3	上海合作	appPC	192.169.10.2	2013年11月19日 04时00分24秒	编辑 删除

图 6-27　检索结果推送页面

图 6-27 是检索任务的设置图，任务设置包括了设置名称、用户名称、推送地址及时间等等相关信息维护。根据设置的时间地点会把最新的消息发送到客户端机器上。

（5）检索结果排重

检索结果排重，顾名思义就是对检索出来的结果进行重新组织排重。系统通过匹配检索数据的元数据，提出检索结果集中的重复条目，实现检索数据排重，如图 6-28 所示。

2013.10.9每日经济

值得注意的是，今年的"金九银十"，原本热销的一线城市的楼市也开始感受到二三线城市冷热分化的凉意。北京新房9月份虽然成交量（13279套）环比上涨58.4%，但成交均价（23124元/平方米）环比却下降6.5%。广州国庆假期

数据来源：安邦资讯　　时间：2013.10.9

2013.10.8财经数据

行与印尼银行续签1000亿元双边本币互换协议 2 1-9月中国新基金平均首募规模同比下滑30.79% 2 10月1日-6日北京新房成交量达783套 2 上周环渤海四港煤炭库存量环比降至1521.4万吨 2 9月中国钢铁行业PMI指数环比降至49.2%

数据来源：安邦资讯　　时间：2013.10.8

2013.10.8每日经济

高铁很舒服，但这种速度的背后意味着什么，那也是别人的问题。城市轨道建设讲究的是速度，过去的中国只有北京一条地铁，后来上海也有了一条，那都距今已经有几十年了。但此后的中国，再收不住了，地铁建设热潮的热度简

数据来源：安邦资讯　　时间：2013.10.8

2013.10.8每日金融

另外成立独立的管网公司，必须先考虑港股投资者是否答应。今年6月，中石油更与泰康资产管理有限责任公司、北京国联能源产业投资基金共同出资组建中石油管道联合有限公司，其中中石油以价值200亿元的管道等资产实物出资，

数据来源：安邦资讯　　时间：2013.10.8

2013.10.7财经数据

2012年6月以来连续第16个月环比上涨，涨幅环比扩大0.15个百分点，其中79个城市环比上涨，21个城市环比下跌。北京、上海等十大城市住宅均价18179元/平方米，同比上涨超过13%。其中，北京涨幅居中国之首。分析认为，9月以来

数据来源：安邦资讯　　时间：2013.10.7

2013.10.7每日经济

经济智囊的变化来看中国经济改革的方向。据称，今年5月，时任美国国家安全顾问的多尼隆（Tom Donilon）飞往北京安排一场中美高峰会晤时，有中国领导人暗示了刘鹤在经济决策上的重要性。于是，多尼隆的随行人员临时安排与

数据来源：安邦资讯　　时间：2013.10.7

图 6-28　检索结果排重页面

根据输入的关键词检索出来的结果进行排重，按照时间先后顺序以及同一数据来源进行重排。

(6) 检索结果组织

检索服务系统检索出来的结果包含各个方面的数据来源，是错乱无章的，给用户阅读带来不便。所以要针对检索结果进行重新组织、排序等处理，已达到检索结果合理、有序。

①目录导航：将所有的信息内容分类通过目录导航的方式来展现。

②主题分类：在分析检索结果时，可以按照资源主题进行自动划分，按照不同的主题统计相关的结果。

③地图关联：检索资源中有关相关地图方面的信息，包括了省市县镇村等地名信息以及其他地名信息。针对这些信息进行检索，检索出来的结果与某部委电子地图关联。以地图定位的方式展现给用户，用户单击地名信息或地图时，系统将自动调取相应的电子地图服务直接进入全国空间信息系统，为用户提供空间地理信息服务。

④专题关联：针对某部委现有的专题系统进行检索关联，根据用户输入的专题关键词进行检索，并将检索出来的专题标题结果与相关专题进行关联，如图 6-29 所示。

图 6-29 关联专题页面

在检索页面中展示相关专题链接。用户只需要单击专题标题就可以进入相对应的专题系统,为用户提供快捷服务。

①结果聚类:检索结果在类别里显示检索结果的数量。

②智能排序:根据检索结果可以按照设定的排序原则进行自动排序。例如可以按照日期排序、也可以按照数据资源系统进行排序,还可按主题描述系统中的相关主题等进行多种方式的排序组合。

通过以上功能最终检索结果展示页面如图6-30所示。

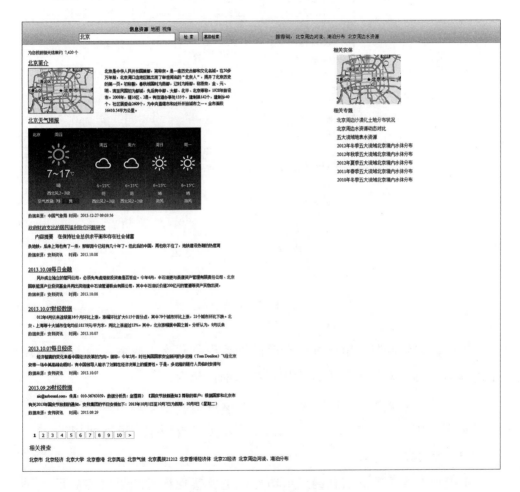

图6-30 检索结果展示页面

(7) 检索结果收藏夹

收藏夹类似IE中收藏夹的功能,就是把用户感兴趣的信息资源放入到收藏夹里,便于以后用户快速检索使用。用户从检索出来的结果中可以选择添加到收藏夹功能。收藏夹功能包括了收藏夹维护、检索结果报表、结构批量下载等功能。

①收藏夹维护:系统提供收藏夹的条目添加、批量增加、内容移除、清空收藏夹、导出列表等功能。收藏夹管理页面如图6-31所示。

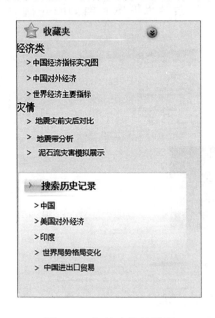

图6-31 收藏夹管理页面

②检索结果报表:用户可以定期进行整理收藏夹,收藏夹应具备将其中内容有选择性地导出报表,供用户打印输出保存。

③结果批量下载:可以根据用户需要按检索时间、检索关键字等多种方式将用户历史检索结果批量下载保存到本地,方便用户离线使用。

(8) 检索数据追踪

系统提供查看数据信息的展示功能,主要实现检索结果内容展示。如用户可以根据检索结果与该信息对应的资源系统进行关联,实现数据源的追踪。用户单击某一检索结果条目可查看该条目相关的元数据信息。

若检索结果为文件类型数据时,用户可以通过链接信息实现在线浏览和数据下载。

(9) 系统个性设置

系统个性设置是为用户提供更加人性化的服务功能,包括了检索偏好设置以及检索结果翻页重新检索模块。

① 检索偏好设置:用户可设置自己的检索习惯及查阅方式以及每页显示检索结果的条目数。

② 检索结果翻页更新:这是一个体验检索结果效率的特色功能,用户设置检索结果翻页更新,检索服务系统会根据用户的设置,根据检索结果数量进行适当的优化。例如,当系统检索结果数目较大时,系统不会将所有搜索结果全部放入内存。系统将提供检索结果翻页功能,动态加载当前页面关联的数据,这样就提高了用户体验感觉,如图 6-32 所示。

图 6-32 检索结果设置页面

(10) 系统维护功能

系统维护功能是管理员特有的功能,是针对检索服务系统的管理工作,包括了检索关键词统计以及检索日志等功能。

检索历史记录:用户的每次检索都会记录日志,系统根据用户最近检索的关键词进行统计,统计出用户一段时间内检索内容的情况,从而可以了解该用户喜欢什么样的信息资源。

检索日志:用户的每次检索都会记录日志,所有系统管理员可以在系统运行维护管理功能模块中查看用户检索日志。检索日志数据包括用户检索时所在客户端 IP 信息、检索时间、检索关键词、访问信息资源等信息内容，如图 6-33 所示。

序号	关键词名称	访问者主机名	访问者IP地址	访问时间
1	北京	appPC	192.169.10.2	2013年12月28日 03时45分19秒
2	北京	appPC	192.169.10.2	2013年12月28日 03时45分19秒
3	北京	appPC	192.169.10.2	2013年12月28日 03时45分19秒
4	北京	appPC	192.169.10.2	2013年12月28日 03时45分18秒
5	北京	appPC	192.169.10.2	2013年12月28日 03时45分18秒
6	北京	appPC	192.169.10.2	2013年12月28日 03时45分15秒
7	北京	appPC	192.169.10.2	2013年12月28日 03时45分15秒
8	北京	appPC	192.169.10.2	2013年12月28日 03时45分09秒
9	北京	appPC	192.169.10.2	2013年12月28日 03时45分09秒
10	北京	appPC	192.169.10.2	2013年12月27日 09时09分54秒
11	北京	appPC	192.169.10.2	2013年12月27日 09时03分56秒
12	北京	appPC	192.169.10.2	2013年12月27日 09时02分52秒
13	北京	appPC	192.169.10.2	2013年12月27日 08时57分36秒
14	北京	appPC	192.169.10.2	2013年12月27日 08时57分34秒
15	北京	appPC	192.169.10.2	2013年12月27日 08时55分24秒
16	上海	appPC	192.169.10.2	2013年12月27日 08时54分44秒
17	北京	appPC	192.169.10.2	2013年12月27日 08时54分17秒
18	北京	appPC	192.169.10.2	2013年12月27日 08时54分17秒
19	北京	appPC	192.169.10.2	2013年12月27日 08时53分48秒
20	北京	appPC	192.169.10.2	2013年12月27日 02时30分38秒

图 6-33 检索日志数据管理页面

图 6-33 所示为检索日志数据管理页面，从图中可以看出记录用户检索的相关信息，包括了关键词名称、访问者主机名称、访问者 IP 地址以及访问时间等信息，为系统管理员分析和统计提供重要的参考依据。

第 7 章　展　　望

随着 5G、人工智能、云计算等新技术的出现，政府在履行职责和管理工作的过程中产生了大量数据资源，基于信息资源整合和大数据技术开展政府宏观决策技术研究，推动政府数字化，提高智能化服务水平已经成为近年来的研究热点。特别是数字政府发展规划的提出，整合并高效利用政务信息资源，将大数据和人工智能等前沿技术运用到政府履职管理过程中，辅助宏观决策管理变得更加精细化、智慧化，推动政务服务水平、提升办事效率、增强公众幸福指数，为经济运行机制、社会生活方式和国家治理能力产生重要影响。

本书在系统总结和分析政府宏观决策智能化服务发展相关理论和技术的基础上，对面向政府宏观决策的关键技术，包括信息资源整合技术、大数据技术、人工智能技术、数据挖掘技术、数据可视技术等进行了全面、系统地介绍以及对新兴数字化技术在政府宏观决策智能化中的应用进行了一系列有意义的探索。政府宏观决策智能化的研究方兴未艾，目前已经取得了较多成果，但随着高新技术的出现，政府宏观决策智能化的研究仍需要进一步的扩展和深化，需要探索、研究的问题依然很多。将数字技术广泛应用于政府管理服务，推动政府治理流程再造和模式优化，不断提高决策科学性和服务效率，加强公共数据开放共享、推动政务信息化共建共用、提高数字化政务服务效能是政府宏观决策智能化面临的主要挑战。因此，政府宏观决策智能化的发展呈现以下新的发展趋势。

(1) 大数据驱动下的政府宏观决策的知识体系

大数据技术在政府宏观决策中发挥了重要的作用，也推动了社会治理模式的进步。在智能技术发展的时代浪潮中，政府也要积极抓住这些机遇，通过大数据技术应用，将经济社会中的数据信息进行采集、组织、融合，建成易于人类组织、管理和利用的动态知识库，对其进行分析和应用，可实现为城市中的居民公众服务、政府办公、领导决策提供强劲支撑，推动政府宏观决策知识体系的构建。在时代发展过程中，政府在提供社会管理和服务的过程中也需要抓住大数据提供的动力，并为我国经济社会发展提供更强的助力。

(2) 基于人工智能的政府宏观决策的发展

人工智能在电子政务公共服务方面已经对政府服务领域起到了积极作用。不仅实现了真正的服务于人，更实现了与人进行"有温度"的对话沟通。如今，更能为人类社会的运行发展提供技术支撑。未来，要做到从"能办事"到"办好事"，从消除办事难到不断提升办事体验，从数据分析到辅助决策，人工智能应用于政府决策领域，在提升人民获得感、幸福感的同时，不断优化政府职能，为推进数字政府、新型智慧城市建设发挥新的更大作用，同时其广阔应用最终将推动整个社会进入"智慧社会"。

(3) 人才培养和智库支撑

在现阶段，政府宏观决策和支撑技术的发展都离不开专业的团队和人才培养，智库的健全和发展也会对我国政府科学决策产生积极影响。在数字政府建设的全新发展阶段，对专业人才也提出了更高的期望和要求，更加注重政府宏观决策智库人才的选拔，要加快健全智库人才培养体制，定期培训、筛选和储备我国的专业人才。建设科学、高效、智慧、协同的智库来辅助政府宏观决策，提升政府的服务水平，推动国家和社会的发展。

(4) 数据安全和隐私保护

在信息化时代的今天，互联网高速发展引起的数据隐私问题层出不穷。政府宏观决策时数据采集范围大、涉及面广，更需要注重数据隐私和法律法规等问题。政府由于其身份的特殊性，在社会信息的处理上需要法律法规的特殊说明和规范，相关法律法规也需要进一步完善。在未来的发展过程中，政府相关部门要严格遵守法律法规，严格控制数据来源和使用范围，保证数据在法律允许的范围内使用和运行。在政府宏观决策的过程中，涉及多个社会阶层，要注意信息的隐私、信任和授权问题，保证政务信息资源管理和使用的合理化，提高数据管理和治理的安全性。

随着信息技术的快速发展，将大数据和人工智能技术进一步与数字政府相结合，为政府宏观决策智能化服务提供动力是政务服务发展的主流方向之一。通过把数字技术广泛应用于政府管理服务当中，建立健全大数据辅助科学决策和社会治理的机制，推进政府管理和社会治理模式创新，做到准确识变、科学应变、主动求变，实现政府决策科学化、社会治理精准化、公共服务高效化，进一步推动政府运行方式的数字化、智能化，提升政府行政执行能力、行政监督能力、辅助决策能力，使决策更具科学性和精准性。

本书作者团队长期以来持续开展空间数据汇聚、整合、管理、分析、建模、可视化到应用服务的全生命周期研究，形成了理论—技术—平台—应用于一体的政府宏观决策创新路径，突破了政府信息资源整合利用理论与方法，通过高效的数据整合管理技术有效提升政府数据效能；突破了时空大数据管理与分析方法，通过人工智能、地理计算等技术为政府决策提供空间信息支撑；突破了个性化智能服务技术，通过知识图谱等技术提供面向不同场景和用户的个性化服务；深入研究三维数字孪生技术，为智慧城市和智慧社会的建设提供支撑。希望将研究开发成果或经验教训进行整理记录，与同行者互通有无，共同促进和推动政府宏观决策智能化服务的发展。

参 考 文 献

[1] 朱基钗. 习近平出席全国网络安全和信息化工作会议并发表重要讲话[EB/OL]. (2018-4-21) [2021-11]. http://www.gov.cn/xinwen/2018-4/21/content_5284783.html.

[2] 任兵, 陈志霞, 胡小梅. 时空再造与价值重构: 面向未来数智治理的元宇宙[J]. 电子政务, 2022 (7): 2-15.

[3] 高淑环, 刘萱, 王梦如, 等. 考虑愿景的动态多属性群决策共识模型[J]. 科技管理研究, 2019, 39 (20): 236-245.

[4] 白静. 数字经济引领各行各业创新创造[J]. 中国科技产业, 2022, (4): 42-44.

[5] 宋晨、乔业琼. 坚持和完善中国特色社会主义制度推进国家治理体系和治理能力现代化[EB/OL]. (2020-1-1) [2021-11-16]. http://cpc.people.com.cn/n1/2020/0101/c64094-31531147.html.

[6] 蒋银华, 陈湘林. 国家治理体系现代化视域下的政府责任论[J]. 学术研究, 2022 (1): 71-78.

[7] 孟晨瑜, 杨子轩. 我国政府治理中的数据治理风险及对策初探[J]. 河北民族师范学院学报, 2022, 42 (3): 84-89.

[8] 李婵瑶. 大数据应用与政府治理能力提升[D]. 昆明: 云南财经大学, 2022.

[9] 中华人民共和国国民经济和社会发展第十四个五年规划和2035年远景目标纲要[N].2021-3-13.

[10] 李林.智慧城市大数据与人工智能[M].南京：南京东南大学出版社，2012：382.

[11] 李小妹.大数据时代地方政府治理能力优化问题研究[D].长春市：吉林财经大学，2021.

[12] 万劲波.国家科技智库建设发展态势及建议[N].2014-10-10.

[13] 王岩.批判与引领[M].南京：南京大学出版社，2021：647.

[14] 韩颖.新时代意识形态风险治理的机制创新研究[D].上海：中共上海市委党校，2022.

[15] 刘志会.新时代以人民为中心经济发展思想及其实践研究[D].长春：吉林大学，2021.

[16] 高培勇，樊丽明，洪银兴，等.深入学习贯彻习近平总书记重要讲话精神 加快构建中国特色经济学体系[J].管理世界，2022，38（6）：1-56.

[17] 吴静，张凤，刘峰，等.基于新一代信息技术支撑智能化宏观决策的方法与实践[J].数据与计算发展前沿，2021，3（2）：4-15.

[18] 冯锋.大数据提升国家治理决策水平的逻辑探析[J].东岳论丛，2022（6）：149-155.

[19] 张磊，王建新.化智为治：人工智能驱动网络意识形态治理现代化的逻辑进路[J].思想教育研究，2022（6）：88-94.

[20] 李红良.智能决策支持系统的发展现状及应用展望[J].重庆工学院学报（自然版），2009，23（10）：140-144.

[21] 何振，彭海艳.人工智能背景下政府数据治理新挑战、新特征与新路径[J].湘潭大学学报（哲学社会科学版），2021，45（6）：82-88.

[22] 刘学涛. 习近平法治思想引领下的数字化行政实践变革 [J]. 武汉公安干部学院学报, 2022, 36 (1): 1-6.

[23] 赫曦滢. 智慧政治语境中市域社会治理的逻辑与路径优化 [J]. 政治学研究, 2022 (3): 148-159.

[24] 关保英, 汪骏良. 基于合作治理的数字法治政府建设 [J]. 福建论坛（人文社会科学版）, 2022 (5): 188-200.

[25] 朱光磊, 锁利铭, 宋林霖, 等. 构建中国特色社会主义政府职责体系 推进政府治理现代化（笔谈）[J]. 探索, 2021 (1): 49-76.

[26] 刘伟平. 服务国家宏观决策 建设高水平科技智库 [J]. 中国科学院院刊, 2016, 31 (8): 851-856.

[27] 王伟玲. 中国数字政府绩效评估：理论与实践 [J]. 政治学研究, 2022 (4): 51-63.

[28] 竹夏良. 政府电子化服务与服务型政府的创建 [D]. 杭州：浙江大学, 2004.

[29] 陈建龙. 信息服务模式研究 [J]. 北京大学学报（哲学社会科学版）, 2003 (3): 124-132.

[30] 姜东旭. 服务型政府的开放性研究 [D]. 南京：南京大学, 2016.

[31] 李祎. 数据仓库技术在电子政务中的研究与应用 [D]. 昆明理工大学, 2007.

[32] 张基温, 张展为, 史林娟. 电子政务导论 [M]. 北京：人民邮电出版社, 2007: 301.

[33] 熊励, 梁曜. 电子政务 [M]. 重庆：重庆大学出版社, 2010: 278.

[34] 邓平. 值得推广借鉴的城市网络——深圳信息网 [J]. 信息系统工程, 1999 (6): 48.

[35] 林志鹏. 电子政务在服务型政府建设中的作用探究 [D]. 广州：华南师范大学, 2007.

[36] 牛广轩，原永丹.中国电子政府建设的若干问题探讨［J］.云南行政学院学报，2003（5）：51-54.

[37] 李林.智慧城市建设思路与规划［M］.南京：南京东南大学出版社，2012：363.

[38] 田学进.智慧城市建设中的政府角色［D］.上海：上海交通大学，2016.

[39] 汪向东.我国电子政务的进展、现状及发展趋势［J］.电子政务，2009（7）：44-68.

[40] 王兴琳.公共政策场景下决策剧场的机理分析［D］.哈尔滨：哈尔滨工业大学，2008.

[41] 赵志耘，张兆锋，姚长青，等.面向科技创新的决策剧场研究［J］.中国软科学，2018（10）：136-141.

[42] 许珂，贺晓迎.新时代中国人口结构的发展态势研究——基于对"第七次全国人口普查公报"的分析［J］.成都行政学院学报，2022（2）：33-46.

[43] 闫宏.河北省强化人口宏观管理与决策信息系统（PADIS）应用［J］.人口与计划生育，2010（11）：15.

[44] 蒋若凡.人口发展政府治理研究［D］.成都市：西南财经大学，2010.

[45] 付万宁.吉林省老龄人口信息管理系统的设计与实现［D］.长春：长春工业大学，2019.

[46] 李伟涛.基于"国家教育科学决策服务系统"的教育决策支持体系研究［D］.上海：华东师范大学，2017.

[47] 杨维东，董小玉.基于多水平模型的教育舆情决策支持系统设计［J］.教育研究，2020，41（8）：133-141.

［48］王永平. 基于统计数据的教育评估和决策研究［D］. 西安：西安理工大学，2018.

［49］孙福珊，李书琴. 科技创新政策评估及政策辅助决策探析［J］. 济宁学院学报，2020，41（5）：95-101.

［50］丁华，李钊，陈娜. 科技发展决策支持平台的运行与保障机制研究——以山东省为例［J］. 科技管理研究，2012，32（23）：31-34.

［51］国研网. 国研网"国际贸易研究及决策支持系统（V1.2）"上线公告［EB/OL］.（2020-4-12）［2021-11-8］. http：//www.drcnet.com.cn/www/int/announcement/trade.html.

［52］罗斌元，李晨. 人工智能财务分析体系：构建与应用［J］. 现代企业，2022，（4）：171-172.

［53］肖聪. 智能财务决策支持系统构建及应用研究［D］. 赣州市：江西理工大学，2020.

［54］刘小军，朱艳，姚霞，等. 基于WebGIS的农业空间信息管理及辅助决策系统［J］. 农业工程学报，2006（5）：125-129.

［55］曹卫华，闫中禹. 广西丘陵地区农业机械化生产模式管理决策信息系统设计［J］. 南方农机，2022，53（7）：1-4.

［56］刘冠华. 南疆节水高效自动化灌溉系统设计与实现［D］. 阿拉尔：塔里木大学，2019.

［57］刘杨. 李克强主持召开国务院常务会议 部署加快推进政务信息系统整合共享等［EB/OL］.（2017-12-6）［2022-3-12］. http：//www.gov.cn/xinwen/2017-12/06/content_5244924.html

［58］王宁，于淼，刘继山. 基于领域工程方法的电子政务系统应用平台［J］. 计算机工程，2006（10）：257-259.

［59］何蕾. Web信息资源整合系统的技术研究及实现［J］. 计算机工程与应用，2004（2）：139-142.

[60] 田霖. 云架构的 Web 服务器集群的探索与研究 [D]. 上海：东华大学，2015.

[61] 吴占坤. 电子政务中的信息资源整合研究 [D]. 哈尔滨：哈尔滨理工大学，2007.

[62] 张玉涛，夏立新. 基于主题图的电子政务信息资源整合模型研究 [J]. 情报杂志，2009，28（7）：161-165.

[63] 刘秀如，杨永川，闫红丽. 主题图在公安信息资源整合中的应用研究 [J]. 计算机应用与软件，2012，29（4）：206-208.

[64] 黄科舫，翟姗姗，李楠. 我国政府信息资源整合实践研究综述 [J]. 情报科学，2010，28（4）：620-624.

[65] 韩永青，黄科舫. 基于聚类技术的政务信息资源整合研究 [J]. 图书情报工作，2010，54（8）：11-15.

[66] 朱晓峰，王忠军，张卫. 大数据分析指南 [M]. 南京：南京大学出版社，2021：367.

[67] 顾荣. 大数据处理技术与系统研究 [D]. 南京：南京大学，2016.

[68] 马志艳，杨磊，石敏，等. 基于 LabVIEW 的小型冷库监控系统 [J]. 食品工业，2020，41（12）：248-252.

[69] 谢克武. 大数据环境下基于 python 的网络爬虫技术 [J]. 电子制作，2017（9）：44-45.

[70] 冯志勇，徐砚伟，薛霄，等. 微服务技术发展的现状与展望 [J]. 计算机研究与发展，2020，57（5）：1103-1122.

[71] 姚锡凡，练肇通，李永湘，等. 面向云制造服务架构及集成开发环境 [J]. 2012，18（10）：2312-2322.

[72] 刘云鹏，刘一瑾，律方成，等. 数字孪生技术在输变电设备中的应用前景与关键技术 [J]. 高电压技术，2022，48（5）：1621-1633.

[73] LELEWER D A, HIRSCHBERG D S. Data compression [J]. ACM Journals, 1987, 19 (3): 261-296.

[74] 李学龙, 龚海刚. 大数据系统综述 [J]. 中国科学: 信息科学, 2015, 45 (1): 1-44.

[75] 王千阁, 何蒲, 聂铁铮, 等. 区块链系统的数据存储与查询技术综述 [J]. 计算机科学, 2018, 45 (12): 12-18.

[76] 李晖, 孙文海, 李凤华, 等. 公共云存储服务数据安全及隐私保护技术综述 [J]. 计算机研究与发展, 2014, 51 (7): 1397-1409.

[77] 袁波, 代华, 伍佳, 等. 人工智能在全科医学领域的应用 [J]. 2021, 19 (9): 1433-1436.

[78] 柯尊旺. 网络舆情分析若干关键理论及应用研究 [D]. 乌鲁木齐: 新疆大学, 2021.

[79] 郑江元, 祝锐, 颜永杰, 等. 基于机器学习算法的子痫前期预测模型构建 [J]. 解放军医学杂志 2022 (1): 1-12.

[80] 刘峤, 李杨, 段宏, 等. 知识图谱构建技术综述 [J]. 计算机研究与发展 2016, 53 (3): 582-600.

[81] 乔一丹, 陈登凯, 王晗宇, 等. 基于知识图谱的智能调度文献计量分析方法研究 [J]. 计算机集成制造系统, 2022, 25 (1): 1-25.

[82] 余正勇, 陈兴. 基于 CiteSpace 的国内山地旅游研究的知识图谱分析 [J]. 四川林业科技, 2022, (1): 123-129.

[83] 奚雪峰. 面向自然语言处理的深度学习研究 [J]. 自动化学报, 2016, 42 (10): 1445-1465.

[84] 蔡启航. 媒体情绪对股票收益率的影响分析 [D]. 杭州: 浙江大学, 2021.

[85] 罗勇. 情境感知智能人机交互关键技术研究 [D]. 上海: 上海大学, 2019.

[86] 胡中旭. 虚拟场景人机交互中手势识别技术研究 [D]. 武汉：华中科技大学，2018.

[87] 邱茂林，马颂德，李毅. 计算机视觉中摄像机定标综述 [J]. 自动化学报，2000，(1)：47-59.

[88] 梁春疆，段发阶，杨毅，等. 车辆外廓尺寸计算机视觉动态测量 [J]. 光电工程，2016，43（1）：42-54.

[89] 冯波. 基于机器视觉的纸病诊断系统架构和光源优化策略研究 [D]. 西安：陕西科技大学，2021.

[90] 姚永贤. 生物特征识别技术用于社会治理的风险及法律控制 [J]. 电子政务，2022，(1)，1-11.

[91] 竺乐庆. 基于手部特征的多模态生物识别算法研究与系统实现 [D]. 杭州：浙江大学，2008.

[92] 吴南妮. 沉浸式虚拟现实交互艺术设计研究 [D]. 北京市：中央美术学院，2019.

[93] 李治军. 基于 Unity 3D 的船舶舵机舱虚拟现实设计与研究 [D]. 大连：大连海事大学，2014.

[94] 刘智慧，张泉灵. 大数据技术研究综述 [J]. 浙江大学学报（工学版），2014，48（6）：957-972.

[95] 王春华，韩栋. 自适应控制下图像分割及并行挖掘算法 [J]. 沈阳工业大学学报，2020，42（2）：197-202.

[96] 王菊，徐董冬. 基于 Hadoop 平台的数据压缩技术研究 [J]. 数字技术与应用，2016，(8)：94-95.

[97] 毛国君，谢松燕，胡殿军. PageRank 模型的改进及微博用户影响力挖掘算法 [J]. 计算机应用与软件，2017，34（5）：28-32.

[98] 文馨，陈能成，肖长江. 基于 Spark GraphX 和社交网络大数据的用户影响力分析 [J]. 计算机应用研究，2018，35（3）：830-834.

[99] 邵梁,何星舟,尚俊娜.基于Spark框架的FP-Growth大数据频繁项集挖掘算法[J].计算机应用研究,2018,35(10):2932-2935.

[100] 姜旭,孟繁宇.物流园区规划研究进展与热点——基于Citespace的可视化分析[J].商业经济研究,2021(6):103-106.

[101] 詹超.水利水电工程三维可视化技术与应用研究[J].长江技术经济,2021,5(S1):41-43.

[102] 刘文韬,牛青坡,宋阳.基于可视化技术的铁路运营条件信息管理系统设计[J].铁路计算机应用,2021,30(1):62-66.

[103] 李英伦,陈桂芬,王冬雪.玉米精准作业区农田监测数据分析与三维可视化[J].吉林农业大学学报,2021,43(2):213-217.

[104] 杨晨,苏有慧,周军.新冠肺炎疫情大数据可视化平台设计与实现[J].计算机时代,2021(1):61-64.

[105] 周耀林,常大伟.面向政府决策的大数据资源规划模型研究[J].情报理论与实践,2018,41(8):42-47.

[106] 魏景容.大数据时代循证决策研究:一个分析框架[J].中国科技论坛,2020(7):24-32.

[107] 吴凡.大数据时代我国电子政务建设研究[D].武汉市:湖北大学,2019.

[108] 王娟,杨现民,高振,等.大数据时代教育政务数据开放共享的监管机制[J].2022,34(3):67-75.

[109] 荣芳.试论政府大数据规划与设计[J].现代远程教育研究,2015,(13):101-102.

[110] 张斌,马费成.大数据环境下数字信息资源服务创新[J].情报理论与实践,2014,37(6):28-33.

[111] 周楠.促进大数据发展行动纲要[EB/OL].(2017-11-10)[2021-12-1].http://www.gov.cn/zhengce/content/2015-09/05/content_10137.html.

[112] 阮健.《大数据产业发展规划（2016—2020年）》发布 [J]. 工程建设标准化，2017（3）：23.

[113] 陈国秀. 基层政府网络舆情治理的现实困境与对策研究 [J]. 网络安全技术与应用，2022（3）：118-120.

[114] 王加祥. 基于大数据的教育宏观决策信息化智库构建研究 [J]. 智库理论与实践，2021，6（5）：86-94.

[115] 张蓉. 大连市防洪减灾决策支持系统设计 [D]. 大连：大连理工大学，2014.

[116] 王希波. 城市地震应急辅助决策系统研究 [D]. 南京：东南大学，2006.

[117] 罗达强. 浅议机器学习技术在政府网站中的应用 [J]. 现代经济信息，2017，（21）：298-300.

[118] 王元卓，靳小龙，程学旗. 网络大数据：现状与展望 [J]. 计算机学报，2013，36（6）：1125-1138.

[119] 林琳. 大数据在智慧城市中的应用 [J]. 微型电脑应用，2019，45（23）：38-39.

[120] 李志方. 异构体系结构上的数据处理加速 [D]. 上海：华东师范大学，2021.

[121] 刘英男. 基于云计算框架的终端管理系统设计与实现 [D]. 西安：西安电子科技大学，2011.

[122] 杨志强. 企业应用框架的设计与实现 [D]. 广州：华南理工大学，2014.

[123] 朱建军，方琰崴. 电信运营商云化数据中心及关键技术研究 [J]. 中国新通信，2018，20（6）：57-58.

[124] 燕荣杰. 基于车联网数据的驾驶行为—车速控制的研究 [D]. 济南：山东交通学院，2017.

［125］王君君. 网络文件的分布式存储设计与实现［D］. 济南：山东大学，2014.

［126］袁野. 基于Hadoop的在线数据挖掘系统的设计与实现［D］. 成都：电子科技大学，2016.

［127］邵慧萌，舒红平，郑皎凌，等. 基于分片的高维稀疏数据存储模式优化研究［J］. 计算机工程与应用 2013，49（18）：99-104.

［128］RAULF. Extracting company names from text［C］. Proceedings the Seventh IEEE Conference on Artificial Intelligence Application，1991：29-32.

［129］LI J，SUN A，HAN J，et al. A survey on deep learning for named entity recognition［J］. IEEE Transactions on Knowledge and Data Engineering，2020，34（1）：50-70.

［130］RATNAPARKHI A. A maximum entropy model for part-of-speech tagging［C］. Conference on empirical methods in natural language processing，1996.

［131］BIKEL D M，SCHWARTZ R，WEISCHEDEL R M. An algorithm that learns what's in a name［J］. Machine Learning，1999，34（1）：211-231.

［132］MCNAMEE P，MAYFIELD J. Entity extraction without language-specific resources［C］. COLING-02：The 6th Conference on Natural Language Learning 2002（CoNLL-2002），2002.

［133］MCCALLUM A，LI W. Early results for named entity recognition with conditional random fields，feature induction and web-enhanced lexicons［J］. Computer Science，2003，332：342.

［134］LECUN Y，BENGIO Y，HINTON G. Deep learning［J］. nature，2015，521（7553）：436-444.

[135] HE J, WANG H. Chinese named entity recognition and word segmentation based on character [C]. Proceedings of the Sixth SIGHAN Workshop on Chinese Language Processing, 2008.

[136] ZHOU P, SHI W, TIAN J, et al. Attention-based bidirectional long short-term memory networks for relation classification [C]. Proceedings of the 54th annual meeting of the association for computational linguistics (volume 2: Short papers), 2016: 207-212.

[137] DEVLIN J, CHANG M-W, LEE K, et al. Bert: Pre-training of deep bidirectional transformers for language understanding [J]. Computation and Language, 2018, 288: 300.

[138] BRIN S. Extracting patterns and relations from the world wide web [C]. International workshop on the world wide web and databases, 1998: 172-183.

[139] MALTONI D, MAIO D, JAIN A K, et al. Handbook of fingerprint recognition [M]. Springer Science & Business Media, 2009.

[140] IOANNOU S V, RAOUZAIOU A T, TZOUVARAS V A, et al. Emotion recognition through facial expression analysis based on a neurofuzzy network [J]. Neural Networks, 2005, 18 (4): 423-435.

[141] SAMARIA F S. Face recognition using hidden Markov models [D]. University of Cambridge Cambridge, UK, 1994.

[142] WISKOTT L, KRUGER N, KUIGER N, et al. Face recognition by elastic bunch graphmatching [J]. IEEE Transactions on pattern analysis and machine intelligence, 1997, 19 (7): 775-779.

[143] 赵立强, 张晓华, 高振波, 等. 基于 BP 神经网络的主分量分析人脸识别算法 [J]. 计算机工程与应用, 2007, 43 (36).

[144] 丁世飞，齐丙娟，谭红艳. 支持向量机理论与算法研究综述 [J]. 电子科技大学学报，2011，40（1）：2-10.

[145] 古恒. 信息可视化技术研究与实现 [D]. 北京：北京邮电大学，2016.

[146] 高云龙，左万利，王英，等. 基于稀疏自学习卷积神经网络的句子分类模型 [J]. 计算机研究与发展，2018，55（1）：179-187.

[147] JOHNSON R，ZHANG T. Deep pyramid convolutional neural networks for text categorization [C]. Proceedings of the 55th Annual Meeting of the Association for Computational Linguistics（Volume 1：Long Papers），2017：562-570.

[148] KOKKINOS F，POTAMIANOS A. Structural attention neural networks for improved sentiment analysis [J]. Computation and Language，2017，456：478.

[149] MIYATO T，DAI A M，GOODFELLOW I. Adversarial training methods for semi-supervised text classification [J]. Machine Learning，2016，243：251.

[150] 朱郁筱，吕琳媛. 推荐系统评价指标综述 [J]. 成都：电子科技大学学报，2012，41（2）：163-175.

[151] WANG W，YANG J，MUNTZ R. STING：A statistical information grid approach to spatial data mining [C]. Vldb，1997：186-195.

[152] XIONG H，WU J，CHEN J. K-means clustering versus validation measures：a data-distribution perspective [J]. IEEE Transactions on Systems，Man，and Cybernetics，Part B（Cybernetics），2008，39（2）：318-331.

[153] BEZDEK J C. Cluster validity with fuzzy sets [J]. Journal of Cybernetics，1973，342：356.

[154] JAIN A K, MURTY M N, FLYNN P J. Data clustering: a review [J]. ACM Sigmod record, 1999, 31 (3): 264-323.

[155] GUHA S, RASTOGI R, SHIM K. CURE: An efficient clustering algorithm for large databases [J]. ACM Sigmod record, 1998, 27 (2): 73-84.

[156] HERLOCKER J L, KONSTAN J A, BORCHERS A, et al. An algorithmic framework for performing collaborative filtering [C]. Proceedings of the 22nd annual international ACM SIGIR conference on Research and development in information retrieval, 1999: 230-237.

[157] 郭小燕. 基于云制造服务平台的服务主动推送方法研究 [D]. 重庆: 重庆大学, 2015.